东北书店

1945／1949

胡继东

——

著

辽宁人民出版社

© 胡继东　2020

图书在版编目（CIP）数据

东北书店：1945—1949 / 胡继东著. —沈阳：辽宁人民出版社，2020.8
　　ISBN 978-7-205-09856-8

　　Ⅰ . ①东… Ⅱ . ①胡… Ⅲ . ①书店—历史—东北地区—1945—1949 Ⅳ . ①G239.23

中国版本图书馆 CIP 数据核字（2020）第 019963 号

出版发行：辽宁人民出版社
　　　　　地址：沈阳市和平区十一纬路 25 号　邮编：110003
　　　　　http://www.lnpph.com.cn
印　　刷：辽宁新华印务有限公司
幅面尺寸：170mm × 240mm
印　　张：15.5
字　　数：180千字
出版时间：2020 年 8 月第 1 版
印刷时间：2020 年 8 月第 1 次印刷
责任编辑：董　喃　王　琳
装帧设计：留白文化
责任校对：吴艳杰
书　　号：ISBN 978-7-205-09856-8
定　　价：98.00元

序　言

1945 年 11 月 1 日在沈阳创刊的《东北日报》，是 1945 年 9 月 14 日成立的中共中央东北局的机关报，也是中国共产党在东北解放区创办的第一张地区性报纸。

《东北日报》创刊 10 天后，于 11 月 11 日发了这样一条消息："东北书店开幕。地址：马路湾。经销各种进步书籍，批发零售欢迎光顾。新书（当代名著）：毛泽东著《论联合政府》，朱德著《论解放区战场》。"

从这样一条简短的消息中不难看出，东北书店创立伊始，就把经销进步书籍尤其是中国共产党领袖的著作作为首要任务。后来，东北书店发展成为东北解放区内最大的书刊编辑、印刷、出版、发行单位。

东北书店地位之重要不言而喻，但关于东北书店的创办和发展历程，却至今鲜有论述。本人于 2017 年 1 月出版的《中共中央东北局》一书，就因为史料不足，只写了《东北日报》的创办和发展历程，没有提及东北书店。

因此，当我看到这部《东北书店（1945—1949）》时，十分高兴，也对作者的深入研究、辛勤劳作表示敬佩。

　　《东北书店（1945—1949）》用翔实的史料，分四章详细地论述了东北书店的初创时期、发展时期、进军时期和胜利时期，全景展现了东北书店从1945年11月开办到1949年6月改为东北新华书店的发展历程。

　　写史需要长期的资料收集和严谨的史实考证，仅从《东北书店（1945—1949）》附录的"东北书店出版目录"中收录的1192篇书目就可看出，作者为了这部《东北书店（1945—1949）》的写作付出了极大的心血。

　　诚然，如作者所言，该书"仍存在局限性和不完整性"，但这部《东北书店（1945—1949）》，对于东北革命的人民的出版事业的研究具有重要的史料意义，确实可以称为东北书店发展史研究中的填补空白之作。

戴茂林

　　（作者系辽宁省人大常委会委员、省人大教育科学文化卫生委员会主任委员，辽宁社会科学院原党组书记、副院长）

目　录

第一编
金戈铁马　以书启人

1945.11 / 1946.5

1945 年 8 月 15 日，日本无条件投降，沦陷了十四年的中国东北终于迎来"光复"。随着国内外形势发生巨大变化，国共双方都意识到了东北在军事上的重要性。这预示在这一必争之地，终将爆发一场决定中国未来命运的战争。在苏军暂时管理的这片黑土地上，国民党政权的合法"接收"与中共方面准备建立"东北解放区"同时进行。自 1945 年 9 月开始，中共方面秘密地从山东、华中、晋察冀、晋冀鲁豫等解放区派出大批干部和军队挺进东北，国民党政权则以"政协会议"和"停战协定"为烟幕，调集精锐部队开赴东北，战争一触即发，并逐渐从小规模的火力接触，最终发展到东北全境的武装冲突。

1945 年 11 月 16 日，作为中共中央东北局机关报《东北日报》[1]

---

[1]《东北日报》1945 年 11 月 1 日创刊于沈阳市，是中国共产党为开辟东北解放区创办的第一张大区报纸，在中国共产党新闻发展史上占有相当重要的地位。

的发行部——东北书店，在沈阳马路湾开业。虽然当时条件艰苦，时局动荡，书刊经营场所简陋，但在东北日报社的领导下，东北书店以共产党人坚强的革命信念开展书报的出版发行工作。面对国共战争的爆发，这个成立不久的报社发行部，跟随东北局机关一次次地转移再转移，从沈阳到本溪，从本溪到海龙①，从海龙到长春，从长春到哈尔滨。在屡次仓促的转移中，工作人员面临着生命安全的威胁。在颠沛流离的六个多月中，战争的环境考验了他们，同时也在书刊出版发行经验累积的过程中，他们逐渐成长起来，以书救国，以书启人。

---

① 海龙：即海龙县，1985 年撤县，设梅河口市，位于吉林省东北部。现行政区划为吉林省梅河口市所辖。

第一章　红色出版的摇篮

　　1945 年 9 月 15 日，中共中央东北局（简称"东北局"）宣布成立。9 月 18 日，彭真、陈云等东北局主要领导，在沈阳召开的东北局第一次扩大会议上，将大力宣传中国共产党的方针政策列为我党进入东北的重要任务之一。为了加强宣传工作，11 月 1 日东北局机关报《东北日报》在沈阳创刊。根据国民党政权与苏联政府于 1945 年 8 月 14 日签订的《中苏友好同盟条约》[①] 规定："待日本投降后三个月内，苏军完全撤离东北，地方政权交由国民政府接收。"所以东北局机关

1945 年东北日报社在沈阳成立时的社址

---

①《中苏友好同盟条约》是 1945 年 8 月 14 日，中华民国政府与苏联政府在莫斯科签订的条约。

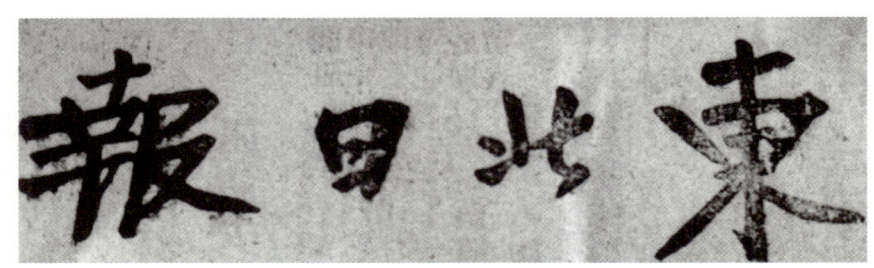

《东北日报》创刊时使用的报头

及部分军队进驻沈阳以及出版报纸均受限制。逐渐得到苏联方面默许后，中国共产党在沈阳一切活动才半公开化地开展。此时，《东北日报》的报名由吕正操题写，虽然报纸在沈阳印刷出版，但创刊号上发行的地点却标注为山海关，这样的"伪装"不仅可以暂时迷惑敌人，而且也不会让驻沈阳的苏军为难。

报社成立之初，由东北局书记彭真直接领导，李常青①担任社长。社址位于沈阳一经路和三经路之间的浩然里路北，两座同样外形的青砖二层小楼②。主要的机构仅编辑部和印刷厂两个部分。为了保证报纸发行，1945年11月7日③，在社长李常青的提议下，报社筹划建立一个发行部门，主要职能是以门市销售的方式发行报纸和书刊，同时向沈阳市内中共方面的各个机关部队开展赠阅工作。由于是东北日报社下属机构，门市的名称确定为"东北书店"。书店经理由报社负责后勤工作的向叔保担任，史修德和史堪任副经理。工作人员有程刚枫、白秀珍、刘福海、刘景洲及两名工勤人员。

经过简单的筹备，1945年11月16日，东北书店门市部在沈阳的

① 李常青，1904年出生，吉林省延吉市人，1931年加入中国共产党。1945年"九三"抗战胜利后，调任中共中央东北局宣传部秘书长，并担任东北日报社社长，分管新华社东北分社、东北画报社、东北电影发行公司、东北广播电台。
② 东北日报社地址参见辽宁日报社编：《东北日报简史》，第2—3页。
③ 1945年11月7日虽为筹建日期，后在文献记载及回忆录中被确定为东北书店的建店日期。

马路湾正式开业。程刚枫后来这样回忆东北书店开业时的情形："16 日上午，在沈阳马路湾原伪满图书株式会社的旧址成立门市部，用红布贴上白字算作招牌，由于没有桌子，就放上两个案子，铺上块白布，就把书摆开来，供读者自由阅读选购。自从书店开业，读者非常的多，他们迫切希望从书中了解到中国共产党的政策，以及东北和中国的前途。买书的人争先恐后，遗憾的是书的种类和数量都不能满足读者的需求。"① 通过这段文字我们可以看出刚刚开业的东北书店门市部不过是一个简陋的书报经销点，销售宣传中国共产党政策主张的报纸和书刊。对于遭受日本侵略者奴役十四年的东北人民来说，在这个简陋的书店里能够接触到介绍有关"中国共产党"内容的书刊，在东北大地上确实是一件稀罕事！由于日本侵略者的奴化教育，加之光复后国民党"正统"思想的大肆宣传，使得广大东北人民根本不敢去接触中国共产党，就连一些知识分子对于中国共产党的认识也是处于模糊状态。在这样的情况下，沈阳马路湾的这个东北书店成为让沈阳人民了解中国共产党历史和政策的思想阵地。虽然当时国民党的大批军队还没有到，但是以国民党身份自居的地方武装和特务分子，却在时刻窥伺着中国共产党的一切活动。为了防止国民党特务的破坏，报社在请示上级后，配备一个班的士兵来保护书店安全。由此，也可以看出东北书店当时在沈阳对于中国共产党的思想宣传所具有的影响力。

1945 年 11 月 23 日开始，时局发生了变化。苏联政府为了履行《中苏友好同盟条约》，同意国民党政权提出的对东北进行正式的全面"接收"要求。中共中央指示东北局机关及相关单位要全部立即撤出沈阳市。接到紧急命令后，在根本没有任何后勤保障的情况下，驻沈

---

① 程刚枫：《转战中的东北书店》，载于《书店工作史料》第三辑，新华书店总店 1979 年版，第 264 页。

阳的所有中共机关开始大批地撤离。东北日报社跟随着东北局机关一方面找汽车搬运机器，另一方面通过公路把印刷报纸所需的纸张运往距沈阳三十余公里的本溪。工作人员则通过苏家屯乘火车抵达本溪。然而东北书店直到 11 月 26 日才接到撤离命令。当时书店的物资并不多，用两辆带斗的三轮摩托车拉着，次日早上就到了本溪。这次书店的转移虽说较为仓促，但是没有遇到任何的危险，只是时间上紧张了一些。由于当时只有少量的机器设备和相关的资料，加之工作人员的生活用品，所以在物资上没有任何的损失。11 月 26 日晚，沈阳市内的国民党特务针对东北局的撤退开始大规模进行破坏活动，明目张胆地打击共产党干部，针锋相对的局面已完全由暗地转向了光天化日。据史料记载，在国民党特务的破坏活动中，东北书店铁西区店被捣毁，两名工作人员牺牲[①]。时局的动荡，使刚刚成立的东北书店被迫离开了沈阳市。十几天短暂的书报发行工作，却给沈阳人民留下了深刻的印象。作为东北地区红色出版的摇篮，东北书店的成立是中共中央东北局为了在宣传舆论方面配合建立东北根据地的重要举措，同时也为后来建立东北解放区书刊发行网络奠定了坚实的基础。

---

① 宋长友：《记武云勉烈士》，载于《辽宁图书发行史料》第二辑，辽宁省新华书店 1987 年版，第 35—36 页。

第二章　避敌锋芒再辗转

1945 年 11 月 27 日，东北日报社和东北书店的全体人员安全地转移到了本溪。经过几天短暂的休整，《东北日报》于 12 月 5 日开始复刊，报社地点设在本溪南边的宫原①。此时报刊的内容增加了地方新闻的有关内容。由于离开了沈阳，现实的困难也不断出现了，一方面撤离时带来的机器缺乏且需要重新安装调试，同时除了几名印刷工人以外，缺少技术人员；另一方面从沈阳带来的纸张和油墨很快就用尽了，因而在本溪出版的 40 期《东北日报》中有 12 期是用蓝色油墨印刷。面对物资的短缺，负责印刷工作的王大任等人，两次秘密潜回沈阳，通过中苏友好协会的关系向苏联人购买纸张和油墨，以保证报纸的正常印刷。

东北书店到达本溪后，迅速恢复了发行部的职能。在开展发行报刊的同时，利用接收的"日伪金融合作社"建立书店门市。当时销售的图书主要是从沈阳撤离时带来的，还有一些是间断性地从安东（今丹东）运送过来的。由于库存书刊数量少，所以货源成了突出的问题。据史料记载："1945 年 12 月底书店的副经理史修德，赶赴通化组织书刊的货源。"② 此举对东北书店的下一步工作起到了相当重要的

---

① 报社地点参见周保昌：《东北解放区出版发行工作的回顾》，辽宁人民出版社 1988 年版，第 8 页。
② 程刚枫：《转战中的东北书店》，载于《书店工作史料》第三辑，新华书店总店 1979 年版，第 265 页。

作用。

1945 年 12 月 28 日，中共中央发出了《建立巩固的东北根据地》的指示，提出了关于"让开大路，占领两厢"的工作方针，主要任务是建立东满、北满、西满根据地，避开国民党占领的大城市和交通干线的附近地区，以较为偏远的城市和农村作为工作的主要目标。根据指示，东北局及所属的各机关单位开始向北满地区转移。1946 年 1 月初，国民党调集的军队已开始到达东北，并有向本溪进犯的意图。东北局根据战情及形势，将这次撤退的目的地定为吉林省海龙县。这是东北日报社和东北书店成立以来的第二次转移。1946 年 1 月 2 日，东北书店工作人员首先出发，以简单的人力工具拉着书刊物资，全体以步行的方式向海龙县转移。经过 12 天的行军，于 1 月 14 日到达目的地吉林省海龙县。东北日报社人员则分成了两个批次，第一批首先将主要的印刷机器、纸张和铅字用汽车运输，人员也是步行向海龙县转

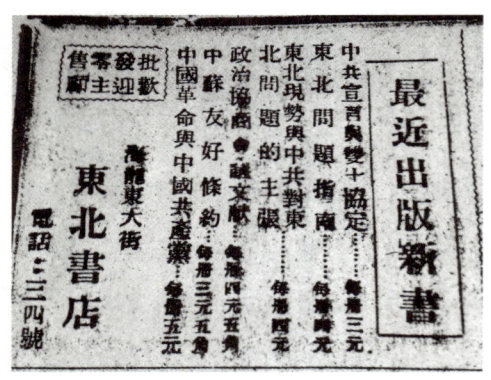

东北书店在海龙时，刊载在《东北日报》上的广告

移；第二批报社人员用简单的机器设备，坚持出版报纸到 2 月 2 日才撤出本溪。此次转移虽然是在寒冷恶劣的天气下，以步行的方式前进，但是沿途仍然是安全的，没有遭到敌人的袭击。

自 1946 年 1 月 14 日，东北日报社和东北书店的工作人员集结到海龙后的这段时期，是书店成立以来最为平稳的一个时期。这个时期的书店工作，也为日后书店的发展壮大，积累了一定的经验，成为东北书店发展史上较为重要的一个阶段。这段平稳时期缘于国

共之间签订停战协定和政治协商会议的召开。从这时开始经东北局决定，由东北局宣传部部长凯丰①来负责主抓东北日报社的具体工作。穆青、常工、陈学昭等老解放区的新闻工作者此时被派到报社工作，加之在本溪时到来的严文井和华君武，他们为《东北日报》和东北书店的发展起到了积极的推进作用，每个人都发挥出个人的业务专长，提高了报刊的编辑、新闻采访和版面设计等方面的水平。

　　东北书店在海龙县城内，利用"同源祥"商号的半间房子建立起临时销售点，并且在当地陆续吸收了十多名青年，成立门市部开展书刊发行工作。此时的海龙县聚集着从关内解放区陆续到来的一大批干部。他们都是为了建设"东北解放区"而聚集到这里的，等待着向北满、西满和东满进发。这个巨大的读者群让刚刚稳定下来的书店应接不暇，书刊的库存量明显不足，恰好书店副经理史修德由通化发来各类新书200多种，解决了这个问题。为了扩大书店影响，东北日报社有计划性地在抚顺、清原、山城镇、梅河口、辉南、东丰、伊通、吉林等地建立分销点。虽然这些分销点在后来战局的变化中被摧毁了，但这种建立分销点的方法为后来东北书店组织建立图书发行网络积累了经验。

　　1946年年初，在国共两党签订军事停战协定后，国民党在报纸上大肆宣传"抗日战争时期东北大地上没有中国共产党的军队"，并以此要求中共的军队及干部全部撤出东三省。为了戳穿谎言及揭露阴谋，1946年2月《东北日报》上，针锋相对地集中发表了一批有关东北抗日联军历史的文章。其中穆青与魏东明等人深入采访原东北抗日联军的干部和战士，在报纸上发表大量文章，并用事实阐明了中国共

① 凯丰（1906—1955年），原名何克全，江西萍乡人，中国共产党前期领导人之一。1945年11月到达东北，任中共中央东北局宣传部部长，参加了解放战争。

《东北抗日联军斗争史略》　关寄晨著

产党领导下的东北抗日联军在东北沦陷的十四年中如何同日本侵略者作战的具体事实，讲述了为国牺牲的民族英雄杨靖宇、赵尚志、陈翰章和夏云杰等烈士的事迹，雄辩地说明了在打败日本侵略者解放东北的事业上，中国共产党人所发挥出的巨大作用。这些报道使东北人民清楚地认识到所谓"正统"观念的片面性及欺诈性。1946 年 4 月，东北书店出版的《东北抗日联军斗争史略》和《东北问题》（第一集、第二集）就是反映东北抗日联军史实的出版物。《东北抗日联军斗争史略》的作者为关寄晨（穆青），书的内容来源于真实的采访，至今仍是研究东北沦陷区抗日斗争史特别珍贵且准确的第一手材料。这部书是东北书店自成立以来，依托东北日报社编辑部门出版的第一本原创书刊，极具研究性和版本价值。

第三章　长春开创新局面

1946 年 1 月，原东北人民自治军改称为东北民主联军，这支以林彪任司令员的队伍是由苏北、山东和晋察冀等解放区派到东北的"十万大军"，加之原东北抗日联军一部分人员和原东北军旧部武装力量所组成的。从初期的秀水河子战役到解放四平，以及消灭长春外围的敌伪残余部队，东北民主联军在战斗方面均取得胜利。而此时的国民党在美国帮助下，利用军舰大批向东北运送"正规军"。这些国民党部队基本都是抗日战争时期的中缅远征军，无论是战斗力还是武器装备，都是东北民主联军无法与之相比的。在武力占领山海关后，国民党部队继续向北推进。1946 年 3 月，国民党主力部队进占沈阳市。"双十协定"和"国共停战协议"也变成了一纸空文，国民党政府在东北的"剿匪"工作，就此拉开序幕。海龙县已经没有了往日的宁静，随时可能到来的国民党部队，让东北局机关不得不立刻做出决定，再一次进行战略转移，开创新天地。

1946 年 4 月 18 日，东北民主联军解放长春。4 月 22 日，东北日报社和东北书店跟随东北局机关由海龙县出发，4 月 25 日进驻长春市。由于这时战争的预兆加之以往转移的经验，这次向长春转移较之前两次要顺利。长春曾为伪满洲国的"国都"，是伪满时期东北政治、军事、经济与文化的中心。1945 年 10 月开始，国民党"东北行营"就驻扎在长春，准备"接收"东北的国民党官员，大多也是以长春为落脚点，加之日本投降以后，国民党对于长春人民的"正统"思想宣传，所以人民对于国民党的了解多于共产党，虽然此时的城市被共产党部队解放，但如何在这里搞好政治宣传工作，是摆在中国共产党人面前的一个重要问题。首先在报社方面，《东北日报》4月28日以对开四大版的形式在长春正式出版，并且将原来由吕正操题写报名改为毛泽东的手书体报名①。另一方面，报社的一部分工作人员跟随着东北民主联军开始接收长春的造纸厂和印刷厂。当时长春的大型印刷厂就有十余个，而且库存纸张相当充足，完全可以满足报纸印刷。在出版报纸的同时，深入总结在沈阳转移时设备机器撤出不足的教训，并且为了在北满地区建立根据地做准备，因而集中力量组织工人收集印刷器材和拆卸印刷机器运往哈尔滨，这些机器设备成为组建东北日报佳木斯印刷厂的基础。

和报社比较起来，东北书店的工作就缓慢了很多，书店进入长春后，在丰乐路路南找到一栋独楼——原为"大昌洋纸株式会社"，准备开设门市。但由于书店的工作人员少，打扫房间及整理图书用了很多时间，直至5月6日还没有开展图书的销售发行工作。时任东北局

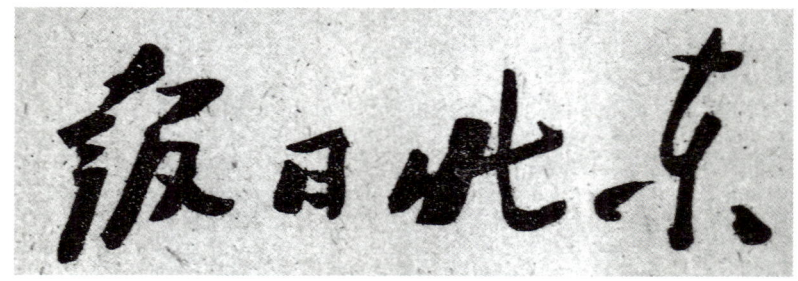

《东北日报》
在长春市更换
的报头

---

①1946年4月28日《东北日报》开始使用的报名非毛泽东亲笔题写，而是报社工作人员利用毛泽东手迹拼接的。1946年11月14日，毛泽东应凯丰之邀为《东北日报》亲笔题写报名。

宣传部部长的凯丰经过调研后指出："书店进入长春时间不短了，但市面上还看不到东北书店的图书，批发工作要尽快抓上去，越快越好。"此时刚从吉林市返回长春的程刚枫听到经理向叔保传达的上级要求后，立即带领书店全体人员连夜行动起来，于5月8日与长春市内的24家私营书店建立联系，以记账代销与销后付款等形式进行书刊的批发销售，

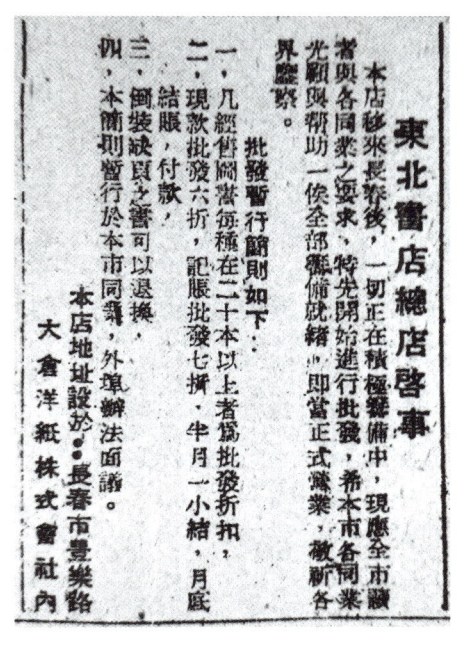

并在5月9日的《东北日报》上刊出书刊批发的广告。这样迅速将东北书店的图书上架到了整个长春市的书店中。令人没有想到的是，这批宣传中国共产党思想和政策的图书销售得特别快，尽管从海龙带来的图书达数万册，并又有通化印刷的书刊不断运达，但是仍然供不应求，多种时事类书刊立即售罄。说到这里，可以肯定的就是凯丰部长对于东北书店提出的工作要求是带有批评性质的。长春作为当时东北的中心城市，无论是学生还是知识分子在社会中的比重都大于东北的其他城市，在这个读者众多的环境下，书店进驻十余天没有任何举动，肯定是没有任何道理的。但是也可以从另一个方面去分析书店在长春工作缓慢的原因，即当时东北日报社与东北书店之间的领导关系上，存在不适应的状况。首先，成立书店的初衷主要是报社的报刊发行部门兼售书刊。其次，从书店成立到进驻长春不过半年时间，从沈阳开始的一路转移，报社方面认为书店发行报纸的任务要大于图书销

东北书店总经理李文

售。以往在本溪和海龙，发行报纸的工作虽然和图书销售并进，但由于发行工作的辐射面小，工作人员虽不多，但足可以完成任务。而到长春以后情况就发生了变化，《东北日报》自 4 月 28 日出版以后，书店面对长春巨大的读者群，每天在报纸发行上的工作量是可想而知的。虽然书店在海龙增加了十余个人，但在发行报纸的工作上肯定还是不够用的，所以无力去顾及图书销售。在上级指示下达后，书店才被动地开展书刊销售工作，这可能也是后来书店领导层调整以及与东北日报社之间关系变动的一个主要原因。

书刊的品种数量都在不断增加，书店的工作量逐渐加大，由于书店人员少，所以出现了报纸的发行工作上的不足。对此，为了两者兼顾且更好地将书刊发行工作做好，上级指示调整书店与报社之间的关系，由原来的隶属关系改为直属关系，也就是东北书店主要负责图书的发行工作，而报纸的发行由东北日报社负责。这次是东北书店成立以来第一次重要的调整，虽然与报社之间仍然是被领导的关系，但是与开业初期的"发行部"相比，却是前进了一步，这也体现出了东北局宣传部对于东北书店书刊发行工作重要性的重新认识。在长春时期，书店的领导干部也进行了补充和调整，先是将报社编辑部的卢鸣谷调到书店任副经理，同时原工作于延安陕甘宁新华书店的李文，几经辗转到达东北后，东北局宣传部决定派其到东北书店任总经理工作，向叔保与史堪调回到东北日报社。

1946 年 5 月 19 日，四平保卫战以东北民主联军的战略转移宣告结束，此时国民党的精锐部队已完全进入松花江以南地区。次日，东北民主联军转移长春。东北局在权衡战局后，于5月21日晚决定向哈尔滨转移。东北日报社和东北书店在接到通知后，再一次地组织人员搬运机器设备，打包书刊物资准备转移，这次转移不同于以往的是能够使用火车进行物资运输。在拥挤混乱的站台上，负责印刷工作的王大任和刚刚调任的卢鸣谷，分别接受了印刷物资和书刊的押运任务。经过匆忙的搬运和装车，23日就在这列满载物资和人员的机车即将开动时，国民党的部队到达了长春的南郊。随之而来的是国民党部队的飞机，盘旋着对火车进行扫射。为了躲避袭击，火车只能开一阵停一阵。在5月24日的早晨，这列满是弹痕的火车终于开进了哈尔滨。

第四章　驰骋白山黑水间

　　东北书店从 1945 年 11 月在沈阳建立到 1946 年 5 月完全撤出长春，成为驰骋在白山黑水间的文化先锋，这段时间，关于书刊的出版、印刷、发行情况的考证研究，是东北解放区建立初期，书刊发行史以及东北书店发展史上非常重要的一个篇章。东北书店在这个时期里究竟印刷出版了多少种书刊，印刷地又在哪里，是相当重要的研究课题，对其梳理研究存在着相当大的难度。第一，由于战争的原因，这一时期的出版物存世量较为稀少。第二，除去《东北日报》所刊出的书目广告以及少量当时工作人员的回忆文章以外，基本没有相关的书刊出版的书目记载。第三，现存的文献资料中所反映的出版书目可信度不高。针对这些问题，研究者都应该站在一个客观角度，以出版物的实物为第一信息，结合原始的文献资料进行分析比对，从而得出

东北书店在《东北日报》刊载的外版书广告

正确的结论。下面将个人的初步研究结果赘述出来。

研究一：1945 年东北书店有没有编辑并出版印刷书刊？

据东北书店开业时的工作人员程刚枫先生回忆："那时出版的图书种类不多，主要有《新民主主义论》《中国革命与中国共产党》《论联合政府》《九一八到七七》《赤胆忠心录》等。"① 再有东北书店开业时在《东北日报》上曾刊出销售书刊广告，所列出的两本书为《论联合政府》和《论解放区战场》。这样，我们将程刚枫的回忆文章和《东北日报》所刊出的广告比对，就发现存在很大的偏差。1945 年 12 月在本溪出版的《东北日报》上连续四天刊出《论联合政府》《现阶段中国文艺的方向》《介绍"中国之命运"》《九一八到七七》《纪念孙中山批判蒋介石》这五本新书的"广告"。由于程刚枫先生是东北书店成立时的见证者和参与者，而《东北日报》又有明确的刊出书目，所以，一直以来很多研究者认为这些书就是东北书店在 1945 年印刷出版并销售的书刊。但经过细致分析，结论却是恰恰相反的，虽然以上列出书目的书刊都是由东北书店在 1945 年销售的，但绝对不可能是由东北书店印刷并出版的。根据《东北日报简史》中介绍，1945 年《东北日报》在沈阳的印刷情况是这样的："这个时期，出报是非常艰苦的。报纸印刷没有固定地点，在以前的伪满日报社的印刷厂印过，在原《盛京时报》印刷厂印过，也曾到 100 多里外的本溪印刷过。"通过这段文字记录可以看出，《东北日报》初期印刷工作是相当困难的。但无论是回忆还是广告中所刊登的书目，如果这些书刊以 32 开本排印的话，那么页码至少也在 50 页左右，而当时出版的《东北日报》不过是 8 开的两版。报纸印刷都这么困

---

① 程刚枫：《转战中的东北书店》，载于《书店工作史料》第三辑，新华书店总店 1979 年版，第 264 页。

难，绝对没有条件去排印书刊。向本溪转移是仓促撤离，所以携带的生产物资出现不足，那时连印报最基本的油墨纸张都是难题，更不具备印刷书刊的条件！经过与国家图书馆藏书及笔者藏书查找比对，至今没有发现标注 1945 年冠以"东北书店"为出版者字样的书刊，如果非要假设 1945 年出版过书刊的话，那么在出版者上只可能是"东北日报"而不会是"东北书店"，因为书店当时是隶属于报社的"发行部"。但很遗憾的是，至今没有发现这种出版物的实物。所以，可以推断出1945 年东北书店并没有能力去编辑出版以及印刷书刊，而是根据东北日报社成立书店时的初衷，主要是发行销售报纸兼营书刊。

研究二：1945 年东北书店销售的书刊是哪里出版的？

对于这个问题应该从两个地域时期去分析，即沈阳时期和本溪时期。先说说 1945 年 8 月底成立的大连大众书店，当时的大连由苏联军管，对于中共在文化传播方面苏军还是默许的。由于大连所处特殊的地理环境，出版工作进行起来虽有阻力但还是能够克服的。大连大众书店是由白全武等几名进步青年建立的，不久接受了东北局的领导。在书店成立之初开办了社会科学研究会和时事研究会，并以研究会的名义编辑翻印书刊。程刚枫对东北书店成立时的回忆和广告列出的书目，都是大众书店以时事研究会名义编辑出版过的。这些书刊在编辑者上由于只标注"时事研究会"，所以在这种环境下书刊从大连运往沈阳销售并不是什么难事。另外，与东北书店同期在沈阳成立的光明出版社也有书刊出版。由此可以推断东北书店在沈阳时期所销售的书刊应该就是这些书刊。据回忆文章讲，书店撤至本溪时一部分书是由沈阳带去的，还有就是间断性地由安东（今丹东）运来的。这里指的安东即为 1945 年 11月成立的辽东建国书社，书社初期隶属于辽东军区政治部，书店的工作人员大多是从山东解放区过来的，都是具有一定出版发行经验的出版人员，加之军区在安东接收了三个造纸厂，而且在东北光复前安东的私营书店较为发达，所以翻印出版书刊的工作非常顺利。虽说向本溪运送是间断性的，但可以认定书店在本溪销售过辽东建国书社的出版物。而 1945 年 12 月《东北日报》上连续四天刊出的新书广告提及的五本书，则为同时期地方出版社的出版物。

研究三：关于通化的印刷厂

据史料记载："1945 年 10 月东北民主联军政治部（应为东北人民自治军或是自卫军政治部）在沈阳接收日伪的'东亚印刷株式会社'后建立印刷厂，于 11 月底撤离沈阳，经抚顺迁至通化市，于 1946 年 6 月转移到佳木斯。"[①] 东北日报社初期负责印刷工作的王大任回忆："报社从本溪向抚顺海龙方向转移，当时曾想把通化作为后方基地，傅守凡、李平曾先后去通化建立印刷厂，最早出版的一些书就是通化印的。"[②] 又如程刚枫回忆，书店的史修德在 1945 年 12 月去通化组织货源，以及撤到长春后书刊不断从通化运来，等等。再有就是据记载 1945 年光明出版社转移至通化后，印刷书刊的是东北印刷厂。虽然至今没有关于通化这个印刷厂完整的史料记载，但通过对上述这些简单史料碎片的拼接，也可以判断出这个印刷厂的概况。通化于 1945 年 10 月被安东军区派出的部队解放，并做出了将此地长期建立为解放根据地的准备。当时通化集中了中共的航空队、炮兵学校以及军内的供给部、卫生部和东北银行等单位，所以在通化建立印刷厂，也是属于后方基地建设的一部分。通过对于史料的解读研究，可以粗略看出，在 1945 年 12 月至 1946 年

---

① 《辽宁省志·出版志》，辽宁科学技术出版社 1999 年版，第 138 页。
② 周保昌：《东北解放区出版发行工作的回顾》，辽宁人民出版社 1988 年版，第 8—9 页。

5 月，通化的东北印刷厂，肩负着为东北民主联军、光明出版社与东北书店印制出版物的任务。东北书店初期出版的书刊虽说是"开山之作"，但印刷质量及用纸均劣于同时期的光明出版社，所以保守地看，东北印刷厂的两个或是三个车间是由不同的组织管理，都具有各自的印刷任务。其中的一个就是后期由傅守凡组织撤出通化后，经图们、长春、哈尔滨最后转移到东安（密山）建厂的东北印刷厂。东北书店的这批通化出版物的数量不少，每种书刊印刷数量大约在 1000 册，在 1946 年年初，东北书店就是依赖通化印刷出的书刊，使之进入长春后能够顺利开展发行工作的。说到这里，必须提到的是由东北书店出版在长春发行的第一本杂志——《知识》，它的创刊号和第二期就是在通化印刷，并且清楚地标注出"东北印刷厂"印刷、"东北书店发行"字样。早期撤出通化的东北民主联军的印刷厂，转移到佳木斯后使用的厂名是"东北印刷厂"。后期光明书店转移至临江后也是使用"东北印刷厂"这个名称，这就更进一步证明了上面的判断。

  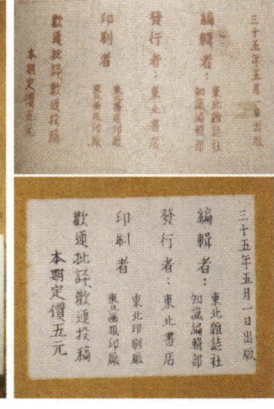

《知识》创刊号，第二期封面和版权页

研究四：东北书店早期出版物有多少？

这里所说的"早期出版物"主要是指冠以"东北书店"出版字

样，在通化和长春印刷的书刊。

　　早期出版物是研究东北书店发展史必不可少的珍贵资料。由于战争的原因以及 1946 年由海龙、长春向哈尔滨的几次转移，这些早期出版物的存世量微乎其微。可以大胆推测，东北书店从长春撤出时，这些出版物的库存数量就已经非常少了。在此列出的早期出版物书目，其中主要来源于笔者的藏书统计以及国家图书馆和东北三省图书馆藏书书目。

书　名	出版时间
《政治协商会议文献》	1946 年 3 月
《中共宣言与双十协定》	1946 年 3 月
《中苏友好条约》	1946 年 3 月
《东北问题指南》	1946 年 3 月
《评"中国之命运"》	1946 年 3 月
《社会科学常识 1 什么是共产党》	1946 年 3 月
《社会科学常识 2 怎样认识历史和时代》	1946 年 3 月
《社会科学常识 3 答覆对共产主义的误解》	1946 年 3 月
《东北抗日联军斗争史略》	1946 年 4 月
《东北问题》	1946 年 4 月
《东北问题》（第一集）	1946 年 4 月 1 日
《东北问题东北抗日联军十四年苦斗简史》（第二集）	1946 年 4 月 15 日
《东北现势与中共对东北问题的主张》	无出版时间
《抗战十四年史》	无出版时间
《反对法西斯》	1946 年 5 月
《国共两党抗战成绩比较》	1946 年 5 月
《中学活页国文选》（一、二、三册）	1946 年 4 月
《知识》（创刊号）	1946 年 5 月
《知识》（第二期）	1946 年 5 月

以上的 16 种图书、3 种教科书、2 种杂志是至今发现仅存东北书店早期出版物的标本，这些书刊在印刷和装帧方面有以下几个特点：1. 在封面的设计上，除了杂志以外基本没有任何装饰；2. 书内没有版权页，只是在书的封面上标注了出版时间；3. 印刷质量差，书内页文字出现油墨不均以及排版不整齐现象。其中《东北问题》与《东北问题》（第一集）虽然内容上是一样的，但封面却有区别，不但版式设计不同，在封面的用纸上也有一定的差异。《东北问题》封面用纸与《东北现势与中共对东北问题的主张》《抗战十四年史》《反对法西斯》《国共两党抗战成绩比较》这四本书的封面用纸相同。而且在封面设计上，书名也由原来的横排版改为竖排版。对此不能不让人产生怀疑，这几本书的印刷地点到底是不是通化？《东北问题》《东北现势与中共对东北问题的主张》《抗战十四年史》这三本书在封面上没有出版时间，从内容上看它们的印刷时间应该在 1946 年 4 月。由此判断，由于战争的原因，书的内页是在通化印刷完毕，但还没有将封面印好，这时印刷厂被迫撤出通化，所以将这部分没有完成的书转移到长春，封面是在长春印刷完成后进行装订的。而标注为 1946 年 5 月出版的《反对法西斯》《国共两党抗战成绩比较》这两本书，在用纸以及书内铅字型号上都不同于前面的出版物，按这两本书的出版时间看，可以断定其应该是在长春印刷的。

早期出版的 16 种图书中，除《东北抗日联军斗争史略》，从书刊的版本来讲，其他基本上都是"翻印本"，内容上也都是其他解放区或是其他东北地区出版社出版过，或是摘自报刊或是新华社新闻稿整理成册的。从革命历史文献研究和收藏的角度看，这些图书整体研究价值不大。但针对东北解放区出版物研究者而言，这些早期图书版本是东北解放区初期出版史和印刷史的珍贵文物。1946 年 4 月出版的教科书《中学活页国文选》，是为了初期建立民主政权地区的学校编辑的教材，内容上时事性较强，涵盖介绍中共领导人以及东北抗日联军中英雄人物和烈士的文章。这套文选是东北书店出版发行的第一套教科书，由于在使用中消耗量较大，存世量相对也就很少，就更加显得珍贵了。由舒群主编的《知识》杂志，创刊于 1946 年 5 月，这本杂志的创刊号和第二期的出版时间都标注为 1946 年 5 月 1 日，印刷者分别为东北印刷厂和东北画报印刷厂，经分析最大的可能性应该是内页和封面是由这两个印刷厂分别完成的，由于没有统一的协调加之通化印刷厂的转移，这个半月刊的两期出现了同一个出版时间这样的失误。《知识》杂志是东北书店出版并发行的第一本杂志，也是伴随着"东北书店"直到 1949 年 7 月改称后的唯一一本杂志。知识杂志社在 1946 年 10 月以后并入到东北书店内，跟随东北书店走完了整个的发展历程。

第二编
筚路蓝缕　以书为辙

1946.6 / 1947.12

　　1946 年 5 月，东北书店转移到哈尔滨以后，为了防止敌人的进攻，同时将出版工作发展壮大，经中共中央东北局宣传部决定，书店全体人员到战略后方佳木斯去开发建设出版阵地。筚路蓝缕，工作人员到达佳木斯后克服种种困难，成立起真正的东北书店总店。在得到合江地区①各界的大力支持后，1946 年 8 月，东北书店在佳木斯编印的出版物开始批量销售。与此同时，从 9 月份开始，书店副经理卢鸣谷开始在哈尔滨拓展业务建立门市部，并与哈尔滨私营书店建立业务联系，将东北书店的出版物在哈尔滨广泛传播销售。当通化"东北印刷厂"的机器设备在傅守凡领导下运到北满后，东北日报社决定在东

---

① 合江地区即为解放战争时期的合江省，位于现黑龙江省东部三江平原。合江省政府驻佳木斯市，管辖佳木斯、东安 2 市和依兰、勃利、汤原、桦川、富锦、同江、抚远、饶河、宝清、绥滨、萝北、佛山、鹤立、虎林、密山、鸡宁、林口 17 县。

安①重新将这个印刷厂恢复起来。1946年11月，东北书店建立的第一个直属分店——东安分店开始运转，东安分店为这一时期东北书店书刊印刷工作做出了巨大的贡献。继而为了扩大书刊的发行渠道，建立东北解放区书刊发行网络，从1947年年初开始，北安分店、牡丹江分店、齐齐哈尔分店相继成立。分店下属又建立支店和分销点，这样覆盖整个北满地区的发行网络已初步形成。通过以上工作的开展，东北书店在1947年上半年将出版的200余种书刊销售到了整个北满地区。

1947年4月，随着东北战局的转变，中共中央东北局宣传部决定，东北书店总店由佳木斯迁至哈尔滨。7月东北书店总店落户到哈尔滨以后，不但有了固定的销售门市，而且为了充实力量还从解放区内调入具有书刊出版发行经验的人员。为了提高东北书店整体的工作水平，在东北日报社的支持下，书店建立起编辑、发行和门市管理等部门，在进行明确分工的同时完善了书店的整体建制。以书为辙，攻坚克难，截至1947年年底，东北书店已成为东北解放区内最大的集印刷、出版与发行于一体的文化宣传机构。

---

① 东安即现在的密山市。

第一章　挺进"东北小延安"

　　1946 年 5 月 24 日清晨，一列满载印刷设备和报纸书刊的火车，带着满身弹痕从长春驶进哈尔滨市。东北日报社和东北书店的工作人员走下车来，到达了北满最大的城市——哈尔滨。此时的哈尔滨于 1946 年 4 月 28 日由东北民主联军从国民党手中再次得到解放。虽然城市还处于战争的防御时期，但人民的生活却是安定有序的。在军事方面，大批的民主联军战士昼夜驻守在松花江的前线，以此阻止国民党部队的再次向北进攻。在经过简单的调整后，《东北日报》于 5 月 28 日开始在哈尔滨出版报纸，由于城市没有受到战争的破坏，且《哈尔滨日报》①《北光日报》② 自哈尔滨解放以来一直都在正常地出版，所以东北日报社到来以后，利用哈尔滨日报社的印刷厂就能顺利开展工作。为了防止战局的再次变化，经中共中央东北局研究决定，报社的部分人员押运由长春转移来的机器设备，前往后方基地佳木斯去建立印刷厂。东北书店的全体工作人员

东北书店总店
借书处图章

①《哈尔滨日报》，作为哈尔滨市委的机关报创刊于 1945 年 12 月 25 日，1946 年 6 月并入《东北日报》。
②《北光日报》，作为哈尔滨市中苏友好协会机关报创刊于 1945 年 12 月 12 日，1946 年 6 月并入《东北日报》。

随行去佳木斯开展工作。

佳木斯作为当时合江省的省会，地处东北边陲，相对于哈尔滨在战略上更具备后方根据地的优势。自 1946 年年初，从延安出发的大批革命干部、文化机构文艺团体、文化学校陆续汇聚佳木斯，这也是中国共产党为建设东北解放区所采取的文化迁移战略。这批中国革命的文化大军直接参与了东北人民的翻身保家、土地改革、建立地方政权、支援战争前线等运动。此时的佳木斯逐渐热闹起来，沉寂的农耕环境被革命的歌舞剧和洪亮的革命歌声所打破。在中国共产党的领导和组织下，大批的革命文化精英都汇集到这里，大批的文艺工作者编排创作着适合东北地区的革命文艺戏剧作品，东北公学改称的东北大学[①]，开始在佳木斯招生办学，新华社东北总分社、东北电影制片厂与东北新华广播电台也都逐渐迁入，这个东北革命文化的摇篮已初具规模。这些进驻的文艺机构由于大部分都是从革命圣地延安来到佳木斯的，佳木斯因而赢得了"东北小延安"的称谓。

火车运载着报社的机器设备和书店的工作人员于 1946 年 6 月到达佳木斯时，在时任东北局宣传部秘书长及东北日报社社长李常青的沟通协调下，将日伪时期的"大和旅馆"全部楼舍拨给报社使用，运来的印刷设备在此安装调试，这就是东北日报的佳木斯印刷厂（1947 年 9 月称为东北日报第二印刷厂）。东北书店在中山大街建立起门市部，至此东北书店在佳木斯对外始称"总店"。虽然书店身处稳定的战略后方，但是所面临的困难仍然很多，初到佳木斯时书店的门市并不大，据当时书店工作人员孙志芳、关庆久在 1948 年的回忆：东北书店在佳木斯虽叫总店，还不如今天的一个分店那样大。要说门市的

[①] 东北公学 1946 年 1 月 10 日成立于辽宁本溪，2 月改名为东北大学，后辗转于安东、通化、海龙、吉林、长春、哈尔滨，1946 年 6 月定址于佳木斯。

话，就得说到它的大小，开始是在一间小楼底下，摆设着几本书，两三个同志轮流看守，我们现在的分销处和支店也起码是这样吧！这样的书店，从表面看，不像一个书店的样子。后来搬了家，是个二层楼，屋里比较宽一些，楼下是门市，摆着两个书台子，数量不多，约有七八十种，每天销售数量也很少[1]。

在革命文化逐渐繁荣的大环境下，书刊的需求量逐渐升高，门市上销售的书刊基本上都是从长春撤离时带来的，数量已经非常少了。当时作为合江省委书记的张闻天，非常关心书店的发展，曾经找来书店总经理李文谈话，强调指出书店门市上的书的种类太少，要尽快办好出版工作，并且挑选了几套他从延安带来的书刊，交由东北书店进行翻印，并且做出为书店调配干部和青年毕业生的批示。后来经李常青指示，东北日报佳木斯印刷厂专为东北书店印刷书刊，东北日报社的造纸厂[2]也同时为书店供应纸张。这也是东北书店自成立以来，第一次有了专属于自己的书刊印刷厂。这个印刷厂自 1946 年 7 月开始到 1949 年 4 月，为书店整整工作了两年零 10 个月，这里印刷出的书刊，在东北书店所有的印刷厂中，不仅数量和种类都是最多的，而且书刊的印刷质量也是最好的。书店有了专属的印刷厂，为开展出版工作铺好了道路，大批的书刊不断印刷出来。1946 年 8 月 28 日的《东北日报》上，首次刊出了佳木斯东北书店总店的销售广告，也就是从这个时候开始，书店在稳定的大后方逐渐发展起来。为了让买不起书的读者有书看，书店在门市附近开办了阅览室，这个阅览室成为佳木斯文化传播的主要窗口，每天都有五六十人到这里阅读书报，多的时

---

① 周保昌：《东北解放区出版发行工作的回顾》，辽宁人民出版社 1988 年版，第 21—22 页。
② 东北日报造纸厂：又称石岘造纸厂，系 1946 年 5 月，在吉林延边接收的日伪原"东洋巴尔布株式会社石岘工场"的基础上建立起来的。东北日报生产部部长刘力子任第一任厂长。

候能达到近百人。由于阅览室空间有限，室内陈设简单，很多读者只能站着或是蹲着看。阅览室还设立了"读者问答处"及"群众代笔处"。为了便于读者读书，阅览室还增加了"借阅"这项工作。这些服务项目的设立进一步拉近了书店与群众之间的距离，这些好的做法后来成为东北书店的优良传统。为了更好地宣传中国共产党的政策，每逢节日或重大纪念日，书店都以优惠折扣进行销售，并努力建立图书的发行网络，不断设立支店和分销点，使书刊不但能在城市销售，而且能够发行到边远村屯的农民手中。

　　1947年，战争环境发生了巨大的变化，东北民主联军由战略转移转向了战略反攻，整个北满根据地得到了巩固。1947年4月，东北局宣传部决定，东北书店总店从佳木斯迁回哈尔滨。虽然总店机构迁出了佳木斯，但是东北书店在中山大街的销售门市和阅览室仍然为读者服务，佳木斯印刷厂作为书店的后方物资基地仍承担着书刊印刷的职能。

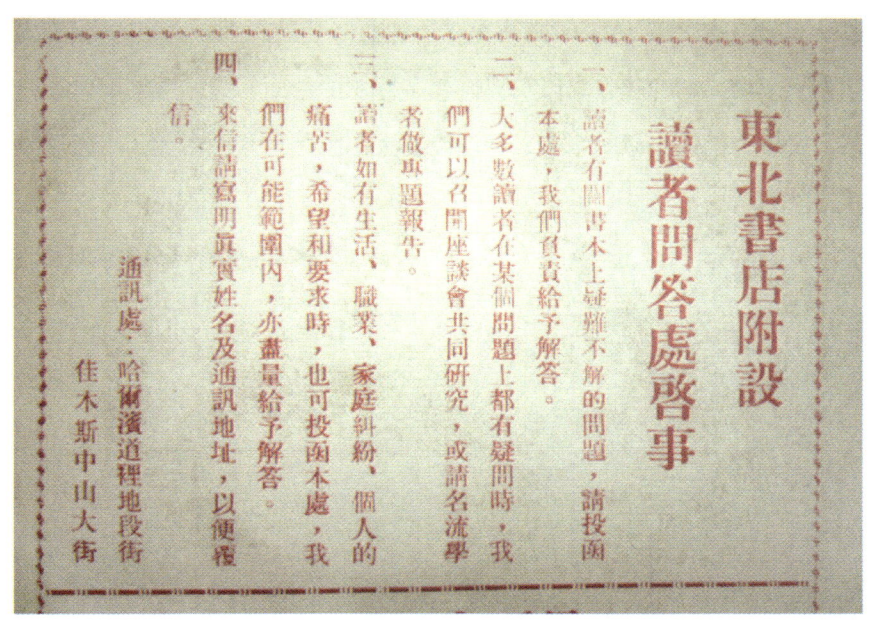

1946年12月，刊载在《知识》杂志上的启事

第二章　红色文化入民心

　　东北书店在佳木斯称总店时期印刷出版的书刊使红色文化深入人心，对其进行探究，是研究东北书店发展史极为重要的一个部分。这个时期的出版物是东北书店在佳木斯初期发展历程的直接见证，以己之见，从书刊印刷和装订制作的方面去入手拓展，是对出版物研究的捷径，可以很快地将出版物的基本脉络分清。

一、书刊装帧的基本概况

　　据统计，1946 年 8 月—1947 年 4 月，标注有"东北书店"为出版者的书刊在佳木斯出版印刷达 150 余种。书刊的封面设计较早期的出版物有了明显的变化，由以前只有文字标题的封面，通过增加简单的线条，发展为插入小幅的木刻、剪纸以及大幅漫画与美术图案，逐渐形成

1946 年 9 月 10 日刊载于《东北日报》上，东北书店发行杂志的广告

较为成熟的封面设计。这些封面使用的漫画基本上都是华君武的作品，从 1946 年 3 月华君武到东北日报社工作以后，他的讽刺类漫画作品均发表在《东北日报》《东北画报》和《东北漫画》中，其中《知识》创刊号的封面上所使用的就是他的作品《一人得道鸡犬升天》。1946 年 10 月出版的《林家铺子》封面也是华君武设计的，同时在版权页上将华君武的名字标注了出来。在封面出版者上的"东北书店"四个字，自 1946 年 8 月开始采用仿宋字体和手写体两种交替使用，其中的手写体很多人认为是毛泽东亲手题写的，其实这种观点是错误的。这个手写体店名是书店工作人员将毛泽东以往的毛笔字迹拼接而成的，其中"东北"二字取材于《东北日报》的刊名，"书店"则利用新华书店的手书。这个手写体不但用于书刊的封面上，而且在 1946 年 8 月以后的所有东北书店门市牌匾、文案发票与信笺图章等，都是以此为店名的统一标记，直至使用到 1949 年 6 月改称前。

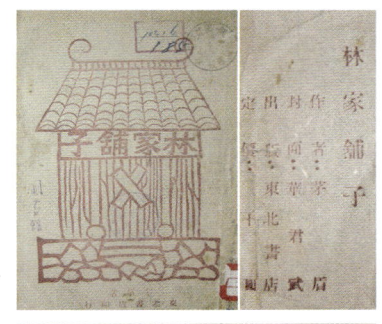

由华君武设计封面的《林家铺子》

东北书店 1946 年出版书刊封面使用的店名

这个时期出版印刷的书刊，大部分没有独立的书内版权页，出版信息只印在封底下角，但在 1946 年佳木斯出版的书刊中也个别地存在没有出版信息的情况。自 1947 年 3 月开始出版印刷的书刊的封底，出现了以"东北区域地图加之镰刀锤头

东北书店出版物封底使用标志图案

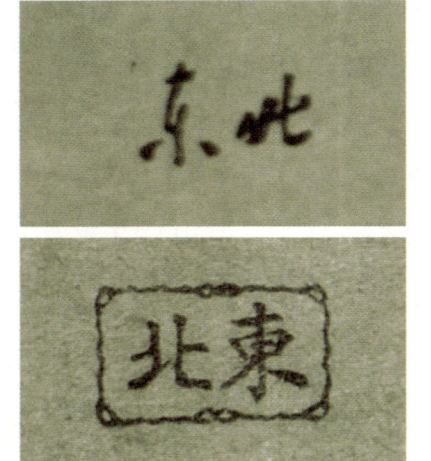

步枪"相结合的标志性图案，这个图案传承于以后所有的出版物中，成为东北书店除手写体店名外另一独特标记。而这个标志的设计者是谁，至今也不得而知，成为一个较为遗憾且待为发掘的问题。在这个标志图案出现之前，在书刊的封底也曾两次出现"东北"字样的标志，一种是手写体，一种则采取楷书体。相比较来看，这两种文字设计与1947年3月以后使用的标志在美观及意义上相差甚远。

二、书刊印刷装订问题"特例"分析

在分析书刊印刷的问题上，有两个基本要素是判定书刊出版时间的重要标准，即排版格式和使用的纸张。令人诧异的是，东北书店初到佳木斯时的书刊印刷是没有固定排版格式的，同时使用的纸张也是各不相同。这些纸张应该是书店转移到佳木斯之前，在各地接收敌伪出版机构时所积累下来的，所以存在着很明显的差异。虽然上级指示东北日报造纸厂为书店供应用纸，但实际上这个造纸厂是从1946年6月才开始投入生产。在1946年8月28日的《东北日报》上，第一次刊出佳木斯时期东北书店出版的新书广告，包括《社会发展史略》《政治经济学》《新人生观》，这三本书之间以实物比较来看，用纸略有差别，因而可能会有这三本书是不是在佳木斯印刷的疑问，但是根据封面设计及内页铅字型号与早期出版物的对比，基本可以证明其印刷地是佳木斯，但其用纸应该是从长春转移时带到佳木斯的。

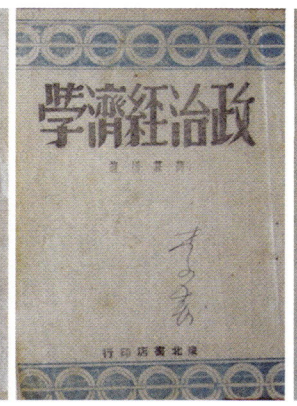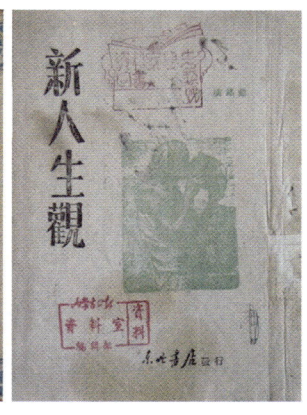

1946 年 8 月 28 日《东北日报》广告中的三本书

　　东北书店在 1946 年 6 月到佳木斯以后，经上级指示，东北日报佳木斯印刷厂（1947 年 9 月改称为东北日报第二印刷厂）专为东北书店印刷书刊，所以 1946 年 8 月这个印刷厂即开始工作，并有了新书面世。为此一般研究者将佳木斯总店时期印刷书刊开始时间认定为 1946 年 8 月，但经过对书刊实物的比对发现，在 1946 年 7 月东北书店佳木斯印刷厂就已经开始为书店印刷书刊，这就是东北书店在佳木斯印刷出版的《群众工作手册》（一）。此书的扉页已清楚标注出版时间为 1946 年 7 月，但在封底的出版时间为 1946 年 8 月。这本书至今发现两个版本，其中一个版本后文进行说明，另一版本的内页及封面用纸又有不同。在《东北日报》1946 年 9 月刊出的新书广告中，这本书为"即日出版"，也就是 9 月份还没有在门市销售。从内容上看，应该是东北书店在佳木斯自主编印的第一本书，书内主要收集了东北各地在农村土地改革中关于群众工作的经验。1946 年 7 月，

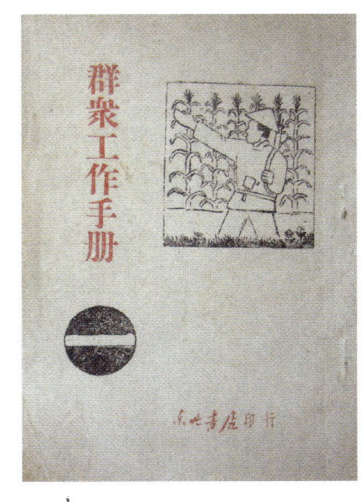

《群众工作手册》第一辑

东北局通过了"七七决议"，把建立农村根据地放在一切工作的首位，其后在东北大地上开展了大规模的土地改革运动。这本书应该就是供给下乡工作者的经验参考书。结合书内的文章推断，这本书的编辑时间应该在1946年7月中旬，同时即付排印。但为什么这本书在8月份已经成书，9月份还没开始在书店的门市销售？通过一个版本两种不同用纸去判断，应该是同版两批印刷出的书。一批成书于8月份，主要是分发给准备下乡开展工作的干部，属于内部业务用书；而另一批虽用同一铅版印刷，但应该成书于9月份，之后才在门市上对外销售。

在1946年12月书店出版的书刊中，出现了两部印刷地标注为"东北印刷厂"的出版物（《集中营》《诺尔曼·白求恩》）。通过查阅相关资料，这个"东北印刷厂"应为"东北民主联军总政治部"的印刷厂，其主要工作是印刷《自卫报》[①]。但是书店为什么不在自己的印刷厂印这两部书，而选择在这里印刷？史料中曾记载，在东北民主联军"三下江南，四保临江"的战役时期，《自卫报》曾派大批人员到松花江前线的双城出版报纸[②]。或许此时佳木斯东北印刷厂处于生产的空闲期，而东北书店急需印刷的书刊较多，所以即在此进行临时印刷。在1946年虽然只有这两本书存在独立的内页版权，并标出印刷地，

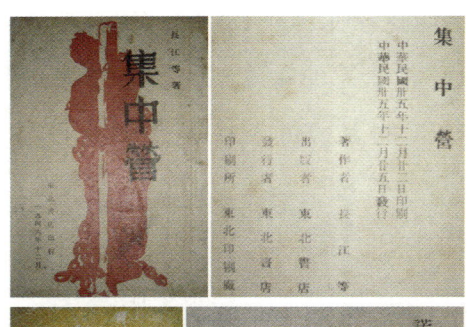
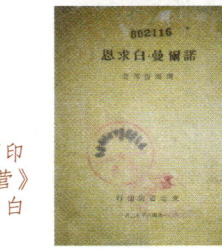

东北印刷厂印制的《集中营》与《诺尔曼·白求恩》

①《自卫报》，东北民主联军政治部主办的军内报纸。
②《中国人民解放军第七二一二工厂简史》，第56页。

但是否还有其他书刊在东北印刷厂印制，还需进一步考证。通过上面的这个情况也可以看出，此时东北书店佳木斯印刷厂的规模并不大，如 1946 年 9 月开始复刊出版的《知识》杂志的第三期和第四期，就是在哈尔滨顺诚印书局印刷的。

1946 年 11 月、12 月书店出版了两个版本的《患难余生记》，通过比对，不论是其封面还是内页以及页码均不相同，11 月的版本印刷及用纸均差于 12 月版本。同时期的《延安归来》这本书的封底标注的出版时间为 1946 年 9 月，但扉页上标注的时间为 1946 年 3 月。《患难余生记》的 11 月

1946 年出版的《患难余生记》的两个版本

版本和《延安归来》这两本书刊的内页印刷风格及用纸极其相似，和佳木斯初期的出版物差异很大。经过谨慎的研究判断，这两本书的内页印刷不是在佳木斯，从扉页标注的时间看，其应该是在通化时期印刷的。根据时间推断，这两本书属于印刷厂撤出通化前，转移到长春的半成品书刊中的一部分，由于转移到长春后没有及时印制出封面，后来经哈尔滨并于 1946 年 6 月转移到佳木斯，重新印制封皮装订成册的。

对这些从印刷装订方面的"特例"出版物进行研究，一方面有利于估算出东北书店佳木斯印刷厂初期的生产规模，另一方面也可以为通化东北印刷厂向长春与哈尔滨以及佳木斯的物资转移问题画上句号。

三、出版书刊的内容和编辑问题

1. 初期书刊的翻印

自东北书店总店落户佳木斯以后，得到了合江地区各机关单位的大力支持，大批的读者都希望尽快地有新书面世。但是，书店初到佳木斯时还没有自己的编辑部，只能尽力去印刷出版"翻印本"。当时其上级部门东北日报社初期很少为书店编辑书刊。虽然冠以"东北日报社"字样的书刊在 1946 年报社到哈尔滨以后已经出版，但我们今天能看到东北书店这个时期佳木斯的出版物，绝大部分都是"翻印本"，即对以往其他解放区出版过的书刊进行翻印。关于翻印问题，一些史志和回忆录中都说，初到佳木斯后出版"翻印本"都是有计划的，比如先出版什么，重点出版什么，等等。其实这种说法是有待商榷！真正有计划开展出版工作应该始于 1946 年 10 月。通过出版书目的比对可以发现，在 1946 年 8 月、9 月出版的"翻印本"中，所出版书刊内容是很繁杂的，也是无序的，根本看不出什么是重点。直至 10 月才出现了毛泽东的著作和一些结合时事的书刊。也就是从这时开始大批地出现了关于中国共产党在抗战时期的政治、文学、文艺类的"翻印本"，如《中国革命与中国共产党》《论持久战》《论解放区战场》《八路军的英雄与模范》《抗战八年中的八路军和新四军》《敌后抗战的小故事》《英雄传》《母亲们与青年子弟兵》，等等。时任合江省委书记的张闻天以及一些文艺工作者，都曾将自己从延安带来的书刊交予东北书店进行翻印。东北书店于 1946 年 10 月 1 日在《东北日报》上刊出启事，面对社会收购图书，也是为了翻印出版。这其中值得说明的是《海上述林》和《乱弹及其他》这两本书。《海上述林》只翻印了"译林"，而《乱弹及其他》在书后的"一点说明"中说到"这本书因辗转传阅，封面脱落，末页也脱落。又因原书在解放区再没有发现第二部，只付缺如，将来找着了另一部原书，再补印一页。特此声明，并向读者深致歉意"，这说明在书刊翻印时由于没有原本参考而出现的遗憾。这两个翻印精装本出版于 1948 年，并在哈尔滨印刷，这足以证明了东北书店在翻印经典理论书刊的步伐上一直没有停止，这其中还包括大批量苏联文艺作品的翻印。

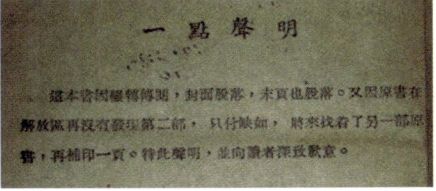

《乱弹及其他》封面与"一点说明"

初期书店的编辑工作开展虽较为困难，但这些"翻印本"为佳木斯初期书店的发展以及声势的打造起到了很大的推进作用。在 1946 年的"翻印本"中，非常值得一提的是 12 月出版的《国事痛》，

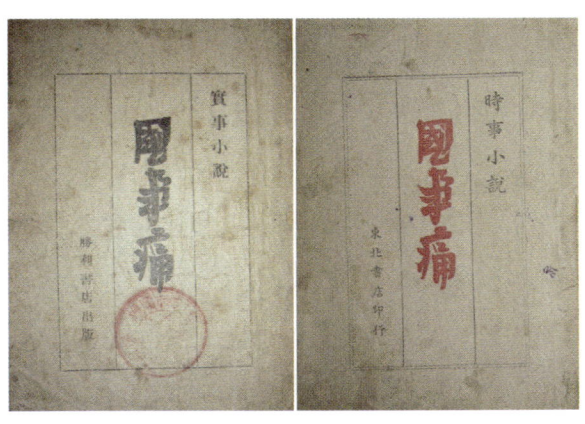

胜利书店版《国事痛》和东北书店翻印版《国事痛》

这本书是由许立群、张仲纯、吴梅三人合作写成的，最初以连载的形式发表在辽北的《胜利报》上，后于1946年11月由胜利书店初版发行。其中的作者许立群时为胜利报社的社长，化名为杨耳，根据当时新华社电讯编写了连载的时事小说。这本书以章回体的形式揭露了国民党多年的暴政和腐败，以及镇压学生、联美独裁等内容，连载后得到了中共中央东北局宣传部的高度评价，并对作者给予"五万元东北币"的奖励。东北书店于1946年12月翻印出版，并于1947年5月再版，两版共计印刷20000册。东北书店在翻印时将原书封面的"实事小说"修改为"时事小说"，并且对书前的漫画进行了补充，由原来张仲纯的漫画《蒋大独裁庐山惊噩梦》，改为张望的六幅漫画。通过这样的修改提高了这本书的可读性，这种配画手法也非常符合该书的通俗性。再有张如心[①]著的《毛泽东的思想及作风》虽非初版本，但东北书店版的"前言"是写于佳木斯的，提及将该书交由东北书店出版的情况，而且作者当时在东北大学工作，所以这本书的东北书店版本具有相当高的研究价值。

2. 初期的编辑工作

书店在1946年9月开始销售第一批佳木斯印刷的出版物时，佳木斯的革命文化气氛已经达到了十分高涨的程度，大批的革命文艺工作者、解放区作家以及文化团体从各个解放区陆续到达东北，这其中包括文学、戏曲、美术、音乐、翻译、新闻方面的作家和工作者。较为熟悉的有萧军、舒群、丁玲、陈学昭、刘白羽、董纯才、周立波、马加、罗烽、白朗、金人、严文井、穆青、张庚、吴雪、华君武、朱丹、古元、吕骥、吴印咸、袁牧之、白刃、范政、于毅夫……在激烈

---

① 张如心（1908—1976年），广东省梅州兴宁县人。1941年3月提出"毛泽东同志的思想"的概念。1945年12月任华北联合大学教务长。1946年8月率延安大学和华北联大百余名教师、干部到达佳木斯。1946年10月任东北大学党委书记、副校长，主持学校工作。

的土改运动中，立身于东北大地上，他们结合东北解放区实际创作出了大批的文艺文学作品。在看到东北书店这个服务于解放区文化的阵地时，他们逐渐成为书店的编外编辑，其中东北文工二团、东北鲁艺等文艺机构，都将编辑好的文艺书刊交予书店出版印刷。这些书刊出版后大部分都成为文艺团体的基本用书，或是作为教育读本发放给学生，剩余的由书店门市销售。李之华的《血债》、鲁亚农的《买不动》与吴雪的《考验》就是这个时期在东北书店出版的文艺作品代表作。书店的工作人员在东北日报社编辑部的指导下，将以往曾经在解放区的报刊上连载发表过的文艺作品集结成册，如李季的长诗《王贵与李香香》与孙犁的小说《荷花淀》都是 1945 年年底曾发表在《解放日报》上的，书店工作人员根

东北书店 1946 年自行编辑的《荷花淀》《王贵与李香香》

据资料将其独立成书印刷出版，成为新中国成立前单行本中最早的版本。在将报刊内容与电文通讯相结合成书方面，1947 年 2 月出版的《胜利的自卫战》（关内）、《胜利的自卫战》（关外）这两本书是相当好的版本，成书采取的就是确定主题后，将报刊上刊载的新闻与部队内通讯文章相结合的方式，内容丰富且紧紧围绕主题。这两本书无论是封面设计还是内容都较 1946 年的出版物有跨越式进步，同期与其类似的《东北蒋占区真相》《伪国大与伪宪》《蒋管区真相》（第一集）《蒋管区真相》（第二集）也是较为精彩的作品。据此可以看出书店在没有明确编辑部的情况下，编辑工作在 1947 年年初已经上到了一个

新的台阶。

3. 原创版本介绍

在这个时期的原创作品中，1946年11月出版的纪云龙编著的《杨靖宇与抗联第一路军》可谓经典之作。作者纪云龙时任《东北日报》的记者，他的作品在东北书店出版可属于书店的绝对版权。这部书开始的创作时间与关寄晨的《东北抗日联军斗争史略》为同期，结稿于1946年7月。这本书在内容上所参照的资料也是多层面的，在采访东北抗日联军老战士后再综合史实，利用原始材料来还原历史，尤其是将日伪档案和朝鲜领袖金日成的回忆相结合，这些严谨的创作方式更加体现出了这部书的史料价值和高度文献性。东北抗日联军高层领袖杨靖宇将军的生平和事迹，虽然在东北大地上口口相传，而真正落实到书刊上独立编写成册，并系统地介绍将军革命战斗历程的，这可是第一部完整作品。书内讲述了在东北沦陷后，以杨靖宇将军为核心的东北抗日武装的形成、抗日联军的发展，直至后期的将军殉国。书内还配有大量的图表和统计资料，真实地展现出东北抗联第一军的全貌，充分用事实去驳斥国民党内有关"东北沦陷十四年中没有共产党抗日队伍"的言论。这本书出版后成为各类宣传杨靖宇将军事迹的文字底稿，至今也是研究东北抗日联军历史非常珍贵的史料。

前面说佳木斯总店时期书刊印刷装订问题时，提到过《群众工作手册》（一）。这是一套贯穿于东北解放区整个土地改革运动的工作经验汇集，共出版十五集。有人将第一集看作创刊号，其实这应该属于丛书的第一册。从内容上看，这本书在结尾部分已经说明了出版的用意，整体上也是用于土地改革的经验交流。书内首先以《东北日报》的社论开头，接着讲到了如何进行平分土地，如何让农民去翻身，以及介绍已经完成土地改革地区的基本情况等。可以肯定的是《群众工作手册》（一）

是东北书店在东北日报社编辑部指导下，在佳木斯出版的第一本书，而从编辑的角度去看，主要的力量应该来源于东北日报社编辑部。

4. 杂志的编辑出版

截至 1946 年年底，东北书店印刷出版期刊五种，这些期刊的出版可以再次证明前面所提到的，在没有编辑部的情况下，书店联合社会团体去开展出版工作。这五种期刊分别是《知识》《东北文化》《东北文艺》《人民戏剧》《人民音乐》，其中《知识》于 1946 年 5 月创刊，是东北书店出版的第一本杂志，它的受众群体主要是青年学生和知识分子。转移到佳木斯后，于 1946 年 9 月 1 日开始复刊，继续由东北书店出版，杂志社逐渐地归于书店领导，成为东北书店第一个直属的杂志编辑机构。直至 1949 年东北书店改称，《知识》杂志见证了东北

1946 年东北书店门市上销售的杂志

书店整个发展过程。其余四种期刊都是由延安及各解放区的文化工作者迁至佳木斯以后组成新的文艺团体所编辑的刊物。这四种期刊在佳木斯出版的周期都很短，虽然后期个别期刊也有复刊出版过，但由于佳木斯时期的特殊性，所以这些期刊对于研究解放战争时期佳木斯文艺团体历史方面，具有较大的版本研究与历史价值。

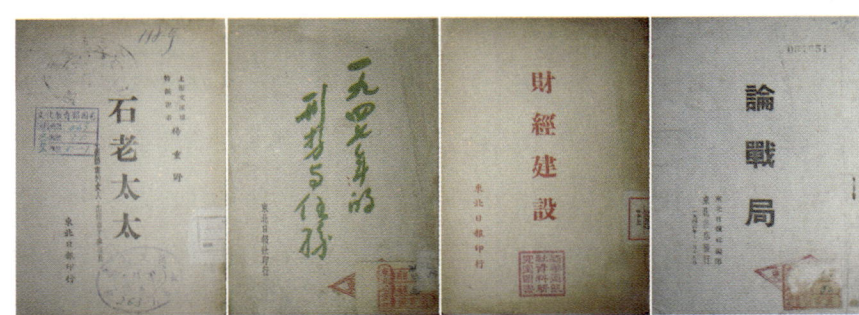

东北日报社编印的书刊

东北画报社编印的书刊、连环画

四、关于"出版"与"发行"的错误认识

东北书店的门市在佳木斯开设以后，为了更好地拓宽发行业务，书店的门市中除销售自行编辑、印刷与出版的书刊外，还大量代销北满地区其他出版机构的"外版书"。其中必须说到的就是东北画报社[①]，从成长的轨迹来看，它和东北书店可以比喻为一对亲兄弟。首先，它们都是归属于东北局宣传部领导；其次，成立时间与转移路线

---

① 东北画报社，1945年11月成立于沈阳市，前身为冀热辽画报社，成立后转移至本溪、通化、长春、哈尔滨，于1946年6月到达佳木斯。

几近相同，最重要的是，同一时期到达佳木斯后，东北画报社所有的出版物和年画基本上都是交由东北书店来发行销售，而且在东北画报社所有出版物的版权页上，都将"东北书店发行"字样标注出来，这种关系一直延续到东北书店改称。东北画报社出版的《东北画报》以及年画、连环画等都成为东北书店后期"书刊下乡"中的销售重点。也可以说，东北书店为东北画报社的发行工作做出了巨大的贡献。除此之外，这一时期佳木斯和哈尔滨的文化团体自行编辑印刷的出版物，也交由书店的门市进行销售。其中由白朗在哈尔滨主编并印刷的《文展》①就同《知识》一起刊登在《东北日报》的发行广告中。这就给人造成了"出版和发行"关系上的误会。后来东北书店的新书广告中，东北画报社的出版物基本都是和东北书店的出版物一起刊出广告，因而使人误认为"新书广告"所列书目都是由东北书店出版的。

①《文展》，1946 年 9 月 15 日创刊于哈尔滨，由哈尔滨"顺诚印书局"印刷。

第三章 哈埠始创新佳绩

1946 年 8 月，东北书店总店在佳木斯顺利开展出版工作的同时，东北日报社决定在哈尔滨筹建东北书店哈尔滨书刊销售门市部。9 月，总店派副经理卢鸣谷带领几个工作人员来到哈尔滨开展工作。初到哈尔滨开展工作的卢鸣谷，主张利用进驻长春时销售书刊的经验，以记账代销、销后付款等形式与哈尔滨市内的多家私营书店建立业务联系，进行书刊批发销售，并与哈尔滨的兆麟书店 ① 建立互售书刊的联系，同时将这些销售点刊登在《东北日报》的广告中。这样迅速地将东北书店的出版物遍及到了全市。

另一方面，由于没有找到适合开设门市部的房子，只能在临近东北日报社的地段街上摆书摊。这个"露天书店"每天的读者也很多。此时中共中央东北局机关和东北民主联军总部都在哈尔滨，由于用书量很大，每天都有新书从佳木斯运来，到达后书刊放在报社的库房内，便于这些机关和部队取用。当时

哈尔滨东北书店门市部开业时广告

---

① 兆麟书店，1946 年 4 月成立于哈尔滨市，为纪念哈尔滨市中苏友好协会会长李兆麟而定名，书店主要经销、出版宣传介绍苏联文化的书籍、杂志等。

的《东北日报》也曾报道"东北书店驻哈办事处在东北日报社内"。10月，卢鸣谷在哈尔滨市道里区地段街找到了一处三层的楼房[①]（现存于地段街东侧与田地街交会口），开始在一楼门洞北侧的房间设立销售门市部。在 1946 年 10 月 10 日的《东北日报》上刊出"读书界的好消息——哈市东北书店开幕"的广告，也就是从这一天起，东北书店在哈尔滨开设了自己真正的店面。开业后的门市部内读者络绎不绝。为了更好地服务读者，12 月又将该建筑的南侧两个门市设立为阅览室和借书处；地段街门市部开业不久，又在哈尔滨市道外区南四道街设立了一个销售门市。东北书店为大批渴望了解中国共产党以及文化的读者提供了学习场所。这种门市旁建立阅览室和借书处的做法是东北书店佳木斯总店时期优良传统的延续，也成了东北书店后期建立分店门市的标准。

1946 年哈尔滨道外门市部使用的图章

门市部开业后，在卢鸣谷的倡议下，书店积极地投入哈尔滨文化事业的活动中。在 1946 年 10 月 18 日的《东北日报》上即刊出了"东北书店举办《腐蚀》座谈会启事"，地点在地段街的书店内。12 月 29 日刊出"举办《中国四大家族》座谈会"的启事，并在哈尔滨市政府的

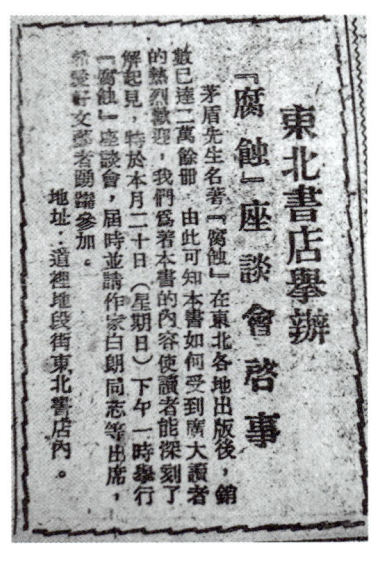

东北书店组织座谈会的启事

---

① 此楼房即为同一时期东北书店门市部与后期哈尔滨东北书店总店地址，原门牌号为：地段街 52 号。

礼堂举行。这两次活动都邀请了解放区的作家和社会进步人士参与，受到了哈尔滨在校学生和青年们极大的欢迎。为了有效地组织读者阅读，1947年2月5日东北书店在《东北日报》上刊登成立读书会的启事，先后报名者达500余人，其中主要以工人、大中学生和职员为主。读书会成立后，书店举行了多次读书报告会，由读者提出书内的疑难问题，请作家和专家对读者进行辅导，这种做法加强了读者和作者以及书店的密切联系，也对书刊的出版发行工作起到了促进作用。为了宣传中国共产党的政策，宣扬新文化，书店每逢节日或重大纪念日都以优惠价格售书，并对持有"荣誉军人"证件者，给予本版8折、外版9折的优惠。

由于读书会的规模不断扩大，成员主要以青年为主。经东北局宣传部批准，1947年4月6日移交给"东北青年联盟"管理。

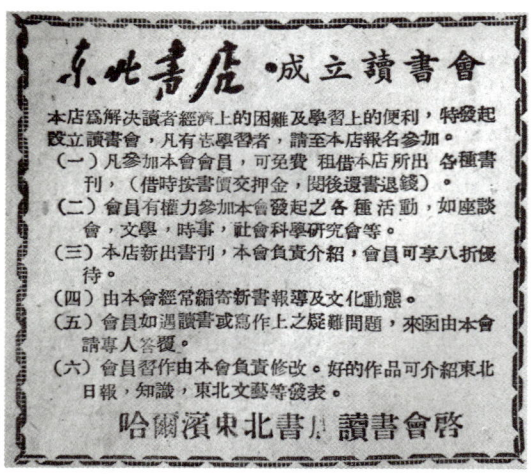

东北书店成立读书会广告

1947年年初，东北战局发生了巨大的变化。在"三下江南，四保临江"战役胜利之后，哈尔滨也由战争前线变为战略后方。1947年4月，东北局宣传部决定，将东北书店的总店由佳木斯迁到哈尔滨。佳木斯作为后方物资基地，保留佳木斯印刷厂不动。这次总店迁至哈尔滨可以说是胜利进军的第一步，较之 1946 年的战略转移可谓是鲜明对比。这项决定发布后，在对外宣传上，将总店的地址明确为哈尔滨市地段街，而将佳木斯中山大街列为分店。在总店迁入哈尔滨之前，有人将哈尔滨看作总店第一个设立的分店，其实这是不准确的说法。当时对于东北书店而言，哈尔滨与佳木斯实为一个整体，哈尔滨门市部主要的任务是起到前沿阵地作用，由于当时无法预测战争形势的发展，采取这种前后呼应的做法恰好保证了书店的发展，而且在佳木斯的总店时期，每次《东北日报》刊出的关于东北书店的广告中，都将佳木斯和哈尔滨的详细地址并列在一起，所以不能把这时哈尔滨的门市部单纯地看成一个分店。当总店迁哈的决定在 4 月下发后，哈尔滨改称总店的对外宣传也同时进行，但真正将佳木斯总店的人员全部迁到哈尔滨已经是 7 月了，其间三个月由东北日报社对总店和佳木斯分店进行了人员的划分。最后为了保证印刷工作不受影响，佳木斯印刷厂的工作人员以及负责合江地区书刊发行的骨干人员不做调整。

东北书店总店正式落户哈尔滨后，得到了东北局的高度重视。为加强文化宣传，巩固人民新政权，通过沟通协调，将地段街原有门市部的三层楼房全部交由书店使用，又对楼后的平房进行整修，建成了存放书刊的库房，并拨给一辆汽车用于总店与火车站之间的书刊运输，为了方便对外联系，还给书店安装了一部电话。配给后的二楼用做总务科、食堂和女宿舍，三楼用做男宿舍，后期将编辑部也设在这里。在基础设施方面得到完善后，又进行了一系列人员和业务上的调整。为了提高书店业务建设，首先在人员方面进行了补充。1947 年 8 月，东北局宣传部决定，将原工作在西满日报社的周保昌和黄洪年调入总店，继而又将辽东的李一黎和徐今明、山东的林金武安排到总店工作，这些人员都是曾在解放区开展出版发行工作的业务能手，具

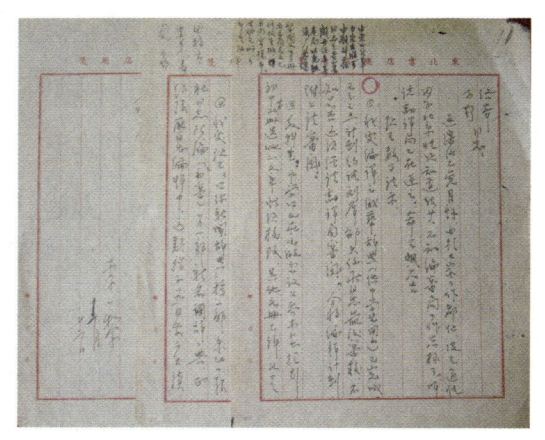

东北书店总店用笺。此三页信件系东北书店编辑部主任李一黎手迹

有多年的工作经验。在职员方面，除了一部分曾在佳木斯工作过的，又招入一批中学生，其中包括纪树德、单长忠和赵德明等十余人。这批学生职员在新中国成立后大部分都成为书刊出版发行系统的骨干力量。接下来就是对新调入东北书店总店的人员进行业务分工和完善机构。由周保昌担任副经理，林金武负责门市工作，黄洪年负责出版工作，并正式成立东北书店总店编辑部，由李一黎担任主任。后徐今明、余崇文、刘思让、石冬青相继调入。编辑部成立以后，书刊编辑出版工作有了很大的提高，一大批反映土地改革的文学文艺作品、解放战争的前线通讯集以及翻译苏联的文学著作与紧跟时事的方针政策类书籍大量面世。周立波创作的《暴风骤雨》成为反映东北解放区土地改革的优秀作品。还有著名作家、记者刘白羽，1946年来到东北以后任随军记者，亲身经历了解放区的土地改革和解放战争。他的大批的采访稿件都被东北书店编入通讯文集中，如《人民与战争》《血肉相连》等，其个人专著《英雄的记录》《政治委员》《无敌三勇士》《勇敢的人》《红旗》均由东北书店编辑出版，他也成为东北书店的高产作家。在期刊方面，除《知识》杂志外，创刊于佳木斯由东北书店印刷发行的杂志由于种种原因都已停刊。为了丰富解放区内期刊的出版

工作，在编辑部的努力下，1948 年 3 月面向农村的通俗杂志《翻身乐》由徐今明主编创刊；1948 年 7 月，文学战线杂志社编辑的期刊《文学战线》由东北书店印刷出版，并于 9 月开始编辑"文学战线创作丛书"，仍由东北书店出版发行。这套丛书均为反映东北解放区人情风貌的原创文学作品，其中包括《高祥》《基本群众》《江山村十日》《原动力》《踏破辽河千里雪》等。1948 年 10 月，《人民音乐》复刊，1948 年 11 月《人民戏剧》复刊，这些都由东北书店在哈尔滨印刷出版。

《文学战线》

复刊的《人民音乐》

复刊的《人民戏剧》

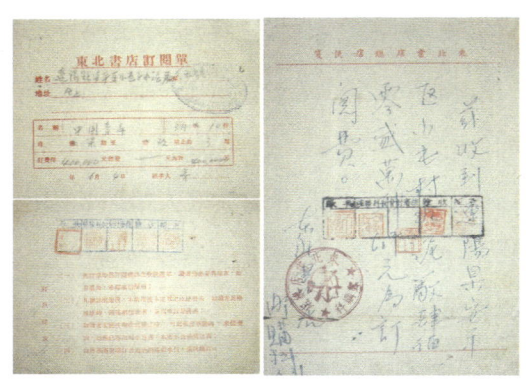

东北书店订阅单

东北书店门市使用的发票

为满足东北解放区读者阅读需要，东北书店总店开展起邮购图书业务，成立了邮购科，邮购科下设赠阅股、借书股和订阅股。在书刊发行网未健全的地方，邮购工作起到了弥补销售的作用。为了将书刊邮购工作做好，总店从1947年7月开始宣传。1947年10月12日，书店在《东北日报》上登出启事："如通过东北各地银行汇款购书，可免交汇费、手续费"；11月26日，东北书店与东北邮电管理局联合在《东北日报》上刊出启事："自12月1日起，在松江省内各地邮局代办所，代办、代销东北书店之图书、刊物，读者可免交邮费。"这些优惠销售政策的实施，极大地促进了书刊邮购工作的开展。至1947年年底，邮寄客户已有154户，到1948年年底增至444户，发出书刊达19000余册。通过邮购业务的开展，东北解放区各地邮局成了书店的代销点，1948年通过各地邮局销售书刊9300余册。

赠阅股作为邮购科的下属部门，主要是将书店新出版的书刊根据出版物性质和对象，分别送给东北局领导、机关单位以及各地方省市领导，并且通过特殊渠道将东北书店出版的书刊送到中共中央领导人手中。在战局好转后，立即与山东和华北解放区取得联系，将东北书

店出版的书刊和关内的兄弟出版机构进行互换。1948 年全年共赠书
72500 余册，其中 36000 余册被赠送到关内各解放区。1949 年 3 月 15
日，东北局宣传部做出《关于取消书刊赠送制度的决定》，至此全面
取消了赠阅制度。

　　1947 年 10 月，哈尔滨门市部成立借书处，初期备书 531 种 1734
册，供读者借阅。从借书交押金开始，发展到免费借书，这样读者从
初期的 200 余人增至 1000 余人。当东北全境解放后，为了解决工人、
店员和贫苦学生等阅读新书的经济困难，1948 年 12 月 10 日，在《东
北日报》上登出了《东北书店借书简则》：一、凡借书者须办理借书
手续，如持有机关、学校、商店及其群众团体的介绍信者，可不交保
证金（押金）；二、如无保证者，借书须交纳与书价相等之保证金，
还书时保证金全部退回；三、每人借书只限一册，借期除特殊者外，
均为一星期，过期不还亦不办理续借手续者，停止其借书权利；四、
所借书籍须加以爱护，不得污损或转借他人。此借书简则，通用于东
北书店各地支店借书处。

　　至此，总店完善了机构建制，也为下一步更好地开展出版发行工
作铺平了道路。

　　1947 年 3 月，地段街门市部增设了"文具部"，初期以纸张和文
具的销售为主。这主要为了解决哈尔滨市内学校和社会团体所急需的
文化用品，销售商品均靠外进。由于文化用品需求量不断增加，4 月，
在毗邻的道里区买卖街上，东北书店文具厂（对外称"教育用品工
厂"）开始建立。由程刚枫负责领导，三名工人[1]白手起家从无到有逐
渐摸索，慢慢发展到五六十名工人。文具厂成型后，产品种类不断增

---

[1] 三名工人为刘新生、张问松、殷佩忠。参见周保昌：《东北解放区出版发行工作回顾》，
辽宁人民出版社 1988 年版，第 67 页。

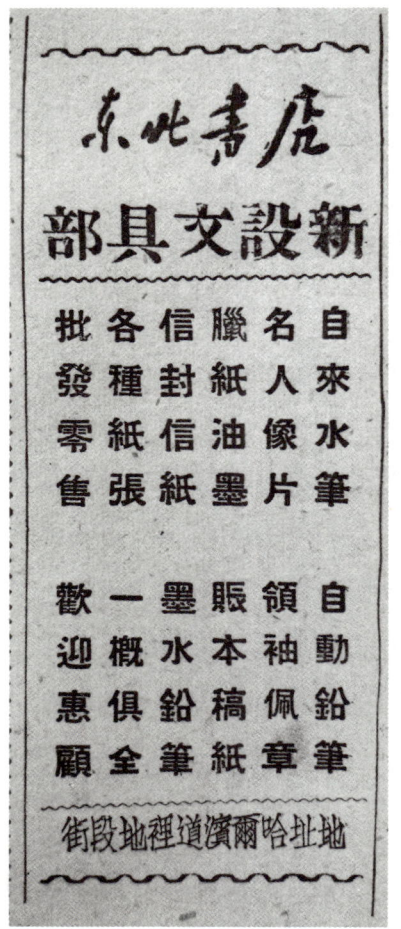

东北书店文具厂广告

加，从生产粉笔、铅笔、油墨发展到各种棋类的制作，并设立"石印组""毛主席像章组"和"伟人像洗印组"，同时将生产出的产品注册为"解放牌"。当生产规模扩大后，又将产品分发到各地分店销售。1948年3月程刚枫调出后，文具厂由唐家栋担任厂长。

截至1947年12月，东北书店的出版物中，标注有哈尔滨印刷的书刊至今发现的只有6本书——《人民女英雄刘胡兰》（1947年8月出版）、《群众工作手册8》（1947年10月出版）、《群众工作手册9》（1947年10月出版）、《斯大林传略》（1947年11月出版）、《地主血腥发家史》（1947年11月出版）、《平分土地文献》（1947年12月出版），这些书刊的印刷是在哈尔滨东北日报印刷厂完成的。因为这个印刷厂的主要任务是印刷《东北日报》，以及东北日报社编辑的书刊，所以为东北书店印制书刊的数量较少。总店迁至哈尔滨前后的一段时间内，书店主要将工作重点还是放在建立书刊的发行网络和书店的外部宣传上，而真正在哈尔滨印刷书刊始于1948年5月以后。1946年6月，书店总经理李文曾尝试着在哈尔滨建立一个印刷厂，后来由于种种困难没有成功。1947年4月总店迁哈决定下发后，有人提出印刷厂要跟着总店走，主张将佳木斯的印刷厂全部迁到哈尔滨。这个提议受到了李文的反对，因为此时佳木斯的印刷厂完全成型，并在1947年已经印制出版物达200多种，而且还接受了为北满地区的中小学印制教材的任务，所以立即将佳木斯印刷厂迁哈尔滨是非常不合时宜的。此外，在东北日报社的支持下，哈尔滨的东北日报社印刷厂有能力为书店印制书刊，因而总店迁哈初期有关建立东北书店哈尔滨印刷厂的方案被搁置了下来。1948年年初，当书店脱离东北日报社，直接归属中共中央东北局宣传部领导后，东北书店再次提出了在哈尔滨建立自己的印刷厂的申请，在请示上级后，通过宣传部的协调沟通，在哈尔滨东北日报印刷厂内开辟场地，由佳木斯向哈尔滨运送印刷机械和输送印刷工人，建立了东北书店哈尔滨印刷厂，由石夫担任厂长。机器运抵哈尔滨后，经过调试安装，东北书店哈尔滨印刷厂从1948年5月开始正式运转，至1949年5月迁至沈阳，近一年时间里，不但印刷书刊140余种700余万册，而且还为哈尔滨市教育局印制其编印的初高中临时教材。

在哈尔滨印制的出版物中，值得提到的是在1949年4月印制的书刊上，多次出现封底标注时间与版权页时间不符的现象。经判断，主要原因应出自于出版计划不协调和生产能力局限这两个方面。

东北书店自行印制，由文具部销售的《学习手册》《笔记本》

第四章　北满大地新禾绿

　　东北书店自成立以来，一直以建立书刊分销处、扩大宣传范围为工作重点。转移到海龙时，书店就在周边设立多处书刊销售点。进驻长春后，东北日报社曾派程刚枫到吉林市去建立发行处，其主要业务是销售《东北日报》。但这个发行处一直使用"东北书店吉林分店"这个名称。1946年6月初，发行处随吉林市"人民日报社"（后合并为"吉林日报社"）转移到延吉，"东北书店吉林分店"这个称谓一直标注在《吉林日报》①的出版物中。这些散落的销售点和发行处，在当时已经成为东北书店总店建立分店和支店的雏形。当总店在佳木斯正常运转后，北满大部分地区已经建立民主政权，并开展了土地改革。如何能让广大民众深入地了解中国共产党的方针政策，成为宣传方面的重点问题。虽然一些地方党委以地方日报社为中心，开展宣传工作并出版书刊，但步伐上跟东北局宣传部的要求还存在差距，这就要求东北书店要尽快地建立起地方性的分店，使整个北满地区的宣传工作整齐划一。东北书店的分店如春日新禾，在北满大地上生机盎然地成长起来。

　　东北书店在这个时期建立的分店类型主要分两种，其一是由总店派干部出资建立，整体归总店领导，这种分店称为直属分店；另一种是将由中国共产党地方党委领导下的书店进行改称，业务上由总店领

①《人民日报》于1945年10月在吉林省创刊，1947年3月1日改称为《吉林日报》，该报以中文、朝文两种文字形式出版。

导，人员、财物归原书店地方上级管理，这种分店称为地方性分店。两种分店基本上都有自己的印刷厂，可以出版或翻印书刊。在建制上分店下属有支店，支店作为发行网络的组成部分进行延伸。下面将这个时期建立的分店详述一下。

一、东安分店

东安分店是东北书店建立的第一个直属分店，成立时间是 1946 年 11 月。东安就是现在的黑龙江省密山市，在行政地区划分上此时归牡丹江管辖。东安分店在 1947 年为东北书店书刊印刷方面整体上做出了巨大的贡献。东安分店由书店门市和印刷厂两个部分组成，分店印刷厂的机器就是原通化东北印刷厂转移过来的设备。在东安建厂初期使用的厂名亦是东北印刷厂（1947 年 9 月更名为东北日报第三印刷厂）。这批设备是在厂长傅守凡的带领下，在国民党军队即将到达通化时，为了避开战火，经通化绕道朝鲜进入图们转移到长春，后撤离到哈尔滨的，最后于 1946 年 6 月运到佳木斯。此时经过东北日报社决定将东北印刷厂重新恢复。程刚枫在回忆东安分店成立的文章中讲道："1946 年 6 月，报社决定成立东安东北印刷厂，以傅守凡为厂长，加上钟林、王书枫（后为石夫）和我组成领导核心，前去东安建厂，专门从事图书印刷业务……在这种形势下，我们在东安成立了东北书店（门市部），当时书店的工作人员有李青原、周常青和我。"[①]

由于东安地处中苏边界，远离战争前线，在这里建厂非常安全，所以，在 1946 年 11 月这批设备顺利运到了东安进行初期建厂。此时的东安正进行全面的土地改革和剿匪斗争，大批的干部集中在这里，

① 程刚枫：《转战中的东北书店》，载于《书店工作史料》第三辑，新华书店总店 1979 年版，第 268 页。

为了让干部更好地学习适合于时事形势的理论政策，报社决定在此处成立东北书店的门市，发行销售图书。由于都是在东北日报社的领导下，所以东北书店东安分店就像总店佳木斯一样既有销售门市又有印刷厂。分店成立初期，在门市上销售的主要是佳木斯印刷的出版物，而印刷厂方面忙于对印刷设备进行组装调试，当时只有6台印刷机，而且长途跋涉后出现了零件破损缺失等问题，加之铅字和用纸不足的问题都亟待解决，这样一直到1947年3月印刷工作才开始正式进行。第一批标注"东安"印刷的东北书店书刊自1947年4月开始面世。直至1947年10月为止，这期间共出版印刷书刊50余种。东北书店出版物中最早的"精装本"就是这里装订出来的。虽然书刊精装技术一般，但是采取精装及封面和书脊烫金工艺，这在此时的东北解放区还是不多见的。

关于东安分店的东北印刷厂（1947年9月更名为东北日报第三印刷厂），在史志记载和回忆录中多数都显示为"1947年春节期间，因不慎遭遇火灾，大部分印刷设备和物资焚毁，由于不能继续印刷生产，1947年6月工作人员和剩余设备并入佳木斯印刷厂"[1]。其实这种记录是不正确的。根据出版物比对可以肯定的是，东安分店印刷厂的印刷书刊时间为1947年4月至10月，因此"1947年6月工作人员和剩余设备并入佳木斯印刷厂"的记载是错误的。记载中的"1947年春节"有可能是按农历计算，也就是1948年2月，如果假设发生火灾是在1948年2月，那么1947年11月至1948年2月这段时间为什么没有书刊印刷，难道是工厂停产了？当时标注为东安分店印刷出版的书刊基本上都是翻印本和再版本，内容上以马列思想著作和毛泽东著

---

① 《黑龙江省志·出版志》，黑龙江人民出版社1996年版，第242页。

作为主。但在 1947 年 9 月东安印刷出版了鲁迅的《呐喊》，10 月印刷出版了鲁迅的《彷徨》《花边文学》《而已集》《准风月谈》《南腔北调集》《且介亭杂文》，这些著作都是依照 1938 年"鲁迅先生纪念委员会"出版过的"鲁迅三十年集"进行原样翻印的。有意思的是，这些书原始的装帧设计和版权页完全都是"东北书店"典型的样式，如版权页的"东北日报第三印刷厂"字样、封底的书店标志和出版信息记载。但是现在所发现的这几本书都被"改装"过了。首先在原书的版权页被光华书店的版权页所覆盖，书脊上的"东北书店印行"被贴作了"光华书店印行"，封底的东北书店标志用白纸进行了粘贴覆盖，并盖上了"光华书店一周年纪念"的图章。这几本书为什么会被光华书店进行"改装"？经过对东北解放区光华书店史料的查找发现，光华书店在东北解放区最早建店是在 1946 年 11 月的大连，光华书店的朱晓光和孙家林于 1946 年年底来到北满地区进行建店后，得到了东北局宣传部的大力支持，所以很快就在佳木斯建立了门市部。1947 年 2 月，哈尔滨的光华书店门市部开业，6 月建立齐齐哈尔门市部。初期光华书店所销售的本版书刊大部分都是从大连和安东撤离时经朝鲜运来的，但是很快这些书就售罄。由于战争形势的变化，从大连向北满运送书刊变得非常困难。虽然三个地区的门市都和东北书店建立业务联系，可以代售一些书刊，但光华书店的本版书却越来越少。因为北满地区没有他们的印刷厂，无法印制图书。关于为何不建立印刷厂的问题，孙家林在回忆文章[1]中表示："一是战局不稳，二是缺乏专业的印刷干部。只好利用社会印刷力量印书。"在这种情况下，经过中共中央东北局宣传部的协调，东北日报社的印刷厂以及哈尔滨铁路印刷

---

[1] 孙家林：《北满区光华书店简史》，载于仲秋元主编：《生活·读书·新知三联书店文献史料集》（下），生活·读书·新知三联书店 2004 年版，第 787 页。

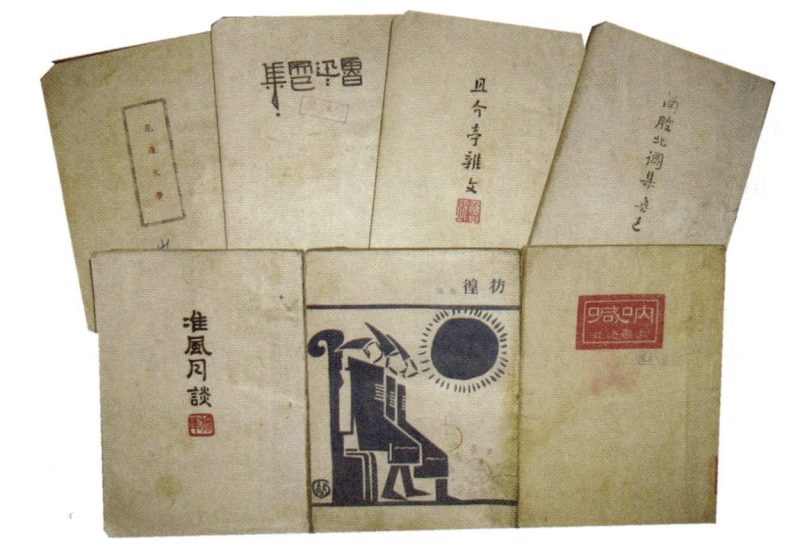

东北书店东安分店为光华书店印制的鲁迅全集单行本

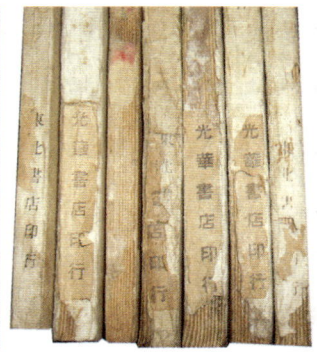

版权页、书脊、封底处"改装"情况

厂都为光华书店代印过书刊。根据这些史料看，这几本"鲁迅三十年集"应该就是东北日报第三印刷厂为光华书店代印的。这几本书曾是光华书店在大连印刷出版过的，所以在这几本书的版权页上体现出了"再版"的字样。这可能是东北日报第三印刷厂第一次为光华书店印书，没有将书刊的整体设计进行改变，最后采取了"改装"的情况。

根据这些情况分析也可以推断出，自1947年11月开始至1948年2月这段时间，东北日报第三印刷厂并没有停产，而是转变成了光华书店印刷厂。由于没有相关的史料记载，只能以这个推断去解释前面提出的疑惑。

通过对这一时期出版书刊的版权页比对发现，原有的东安分店在1947年11月出现在两本书的版权页上以后就消失了。因此可以判断出东安分店也就是截至此时，分店后来转成了负责发行的一个"支店"。而东北日报第三印刷厂在此时的工作职能转变为专为光华书店印刷书刊，后期遭遇火灾，整体合并到佳木斯的东北日报第二印刷厂中。

二、牡丹江分店

牡丹江分店的前身是隶属于中共牡丹江省委的牡丹江日报社的牡丹江书店。该书店创立于1946年3月，主要的职能是发行报刊及图书。1946年12月，东北日报社向中共中央东北局宣传部请示，为了建立牡丹江地区的书刊报纸的发行网络，建议牡丹江书店在业务上划归由东北书店总店领导，将其变为地方性的分店。1947年1月得到上级批准后，佳木斯总店方面派出工作人员潘建萍来到牡丹江，联系到中共牡丹江省委后说明情况，此举得到了省委和报社的一致认可，立即将牡丹江书店改称为东北书店牡丹江分店。牡丹江分店是东北书店下属的第一个地方性分店。这个分店在改称前已经具有自己的发行渠道，并且依托牡丹江日报社的印刷厂自行翻印出版书刊。当东北书店在佳木斯出版书刊后，就和牡丹江书店建立了业务上的联系，在牡丹江书店的门市销售东北书店的出版物。虽然如此，但从中共中央东北局宣传部的角度看，在整体的宣传工作上仍存在差距。而将业务上归属于东北书店总店领导，可以在宣传的步伐上与东北局宣传部保持一致。

郑士德在牡丹江分店改称前至1948年10月一直担任书店的经

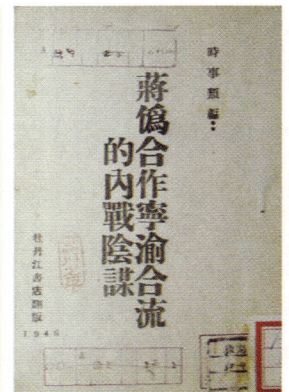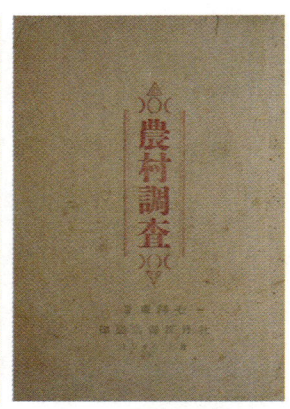
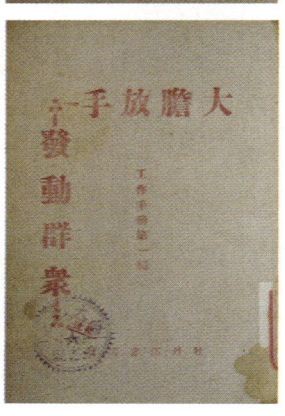

牡丹江书店翻印的图书

理，不论在书店硬件建设方面还是加强书刊出版发行上，他都为东北书店牡丹江分店做出了重要的贡献。据他回忆，"牡丹江分店最初只有一个三开间的门市。位于当年市政府的西侧。边伯明市长在工作之暇经常来书店看书，有一次，我向他说书店的门市小，请市长考虑能不能给换一个大一些的门面。他当时没有表态，过了七八天，边市长说，我调查了，在长安街中段有个四开间二层楼房的门面，可以拨给书店，如果你们业务扩大，还可以把东邻的四开间楼房拨给你们。就这样，1947 年 8 月迁到了新址，后来东邻的楼房也用上了"①。这段

---

① 郑士德：《回忆四十年前的牡丹江书店》，载于《书店工作史料》第三辑，新华书店总店1979 年版，第 232 页。

回忆描绘出了书店地址的变迁，也可以看出地方领导对文化宣传的重视。分店建立后，在原有的发行渠道基础上，加大了发行网络的建设。至 1948 年 3 月，先后建立了宁安、八面通、五林、绥阳、穆棱、东宁、绥芬河、镜泊、林口、鸡西、东安、图们、汪清、珲春 14 个支店。

在书刊的编辑出版上，牡丹江分店本身具有编辑出版图书的经验，又有牡丹江日报社的支持，编排印刷书刊是没有问题的。至今发现牡丹江分店自 1947 年 6 月至 1948 年 9 月独立编辑出版书刊 30 余种。这部分书刊无论是封面设计还是印刷质量都具有较高的水平。为了区别于总店编印的书刊，书的封底出现了一个牡丹江分店的独特图案标志，这也是东北书店所有分店中唯一不同于总店的图案标志。在书刊的内容上，牡丹江分店一半以上的出版物都是原创作品。这主要是得到牡丹江日报社帮助的结果。其中的文艺作品基本上都是东北鲁艺文工团成员的作品，如剧本《参军》《归队》《二个胡子》等，都是东北鲁艺文工团于 1947 年在牡丹江工作时创作并在当地演出过的剧目。诗人侯唯动作为东北鲁艺文工团的成员曾深入牡丹江地区参加土地改革，他的两部诗集《红头巾》与《黄河两岸的鹰形地带》也是交由牡丹江分店首次出版。通过牡丹江分店出版的这些文艺作品可以看出，此时活跃在牡丹江地区的文艺工作者与书店之间，在编辑出版物方面已经建立了很好的关系，这种做法也是东北书店总店初期在佳木斯基本经验的延续。

牡丹江分店出版的《新美术论文集》是由时任东北鲁艺美术系主任、著名版画家沃渣于 1946 年 12 月在佳木斯编辑完成的，其中收录的文章大多为活动在东北解放区的著名美术工作者的作品。书内对解放区群众喜闻乐见的木刻、版画及年画这几种美术形式做出了大篇幅的介绍。这一方面是对于解放区美术工作者成就的总结；另一方面也是通过这些经验性的文章对东北解放区新美术工作者如何开展新工作的精神启发。从书的内容看，可谓东北解放区美术理论类出版物的经典之作。这部书至今发现同一出版地两种封面版别，即封面的出版地分别由行书体和楷书体印成，封底的出版时间标为 1947 年 6 月和 1947 年 8 月两种，但书的扉页均为 1947 年 8 月。从书内文章标注的时间看，其中《年画的内容与形式》的完稿时间为 1947 年 7 月，这篇文章是书内最后一篇有时间标注的，从而可以断定这部书的出版时间应该是 1947 年 8 月。但为什么会有标注 1947 年 6 月这样的封面出现呢？通过大量出版物实物的比对发现，自 1946 年 9 月开始佳木斯总店的出版物在封底标注时间与版权页就开始出现不符的情况，而且在后期的哈尔滨、长春、沈阳等地印刷的出版物也都有类似的情况发生。前面曾以《患难余生记》与《延安归来》这两部书举例，讲述书刊的封面与内页不在一处印刷的情况。而现在这个问题产生的主要原因，应该是制

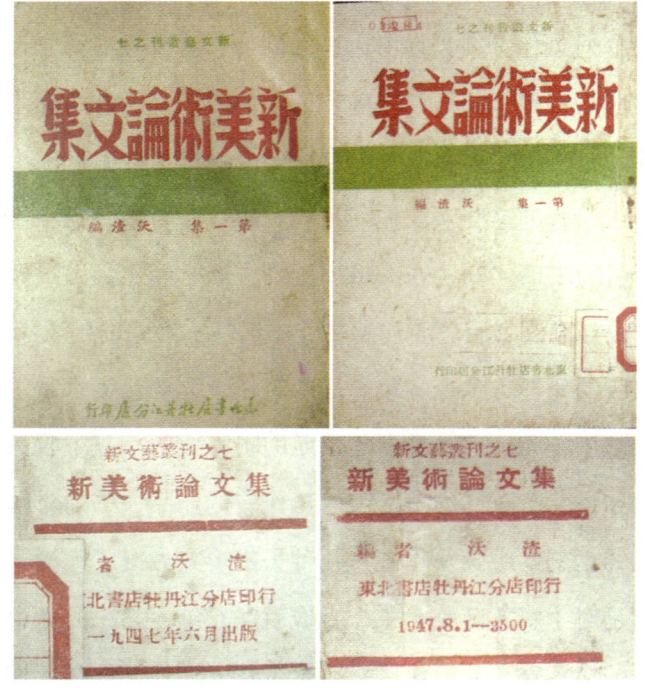

《新美术论文集》封面书影、版权比对

定印刷计划与实际印刷成品时间不吻合而产生的。这部书应该是总店交由牡丹江分店印制的第一本书，总店方面计划 1947 年 6 月印刷出版完结，这时分店首先将封面设计完毕交付印制，但由于书刊内容出现增减导致书刊内页直至 8 月才完工，这样就出现了封底与扉页（或是版权页）时间不符的情况。由于初期没有计划印制的数量，所以在封底的版权项上也没有标注印刷数量。

东北书店牡丹江分店出版物封底使用的标志图案

而当书刊内页印制完毕后却出现了封面不足的情况，在封面的二次制版时，将出版时间调整与扉页时间相同，并标注出了印刷数量，这就是一部书两种封面产生的原因。后期出版物类似情况的发生，大多都是由于这个原因造成的。

三、齐市（齐齐哈尔市）分店

齐市（齐齐哈尔市）分店也称西满分店，是东北书店总店在西满地区建立的直属分店，成立日期为 1947 年 3 月，第一任经理由东北书店最初建店者之一的史修德担任。齐齐哈尔作为嫩江省的省会与中共西满分局的所在地，自抗日战争胜利以后虽然陆续出现了西满日报社、西满新华书店、西满大众书店等几家书刊出版发行机构，但书刊出版数量较少，时事类书刊出版明显不足，并且与佳木斯东北书店总店几乎没有业务联系，导致这里书刊供应严重短缺。基于齐齐哈尔地理位置的重要性，以及从宣传中共政策的角度考虑，东北局宣传部认为东北书店应当在齐齐哈尔建立分店。1947 年 3 月初，从佳木斯总店方面派史修德、潘建萍到齐齐哈尔，同中共西满分局和嫩江省委商议建立东北书店分店的事宜。在听取介绍以后，嫩江省委对此积极认可。史修德很快在齐齐哈尔的南大街找到一处平房（南大街161号），门市虽不大，但后院有几间屋子可以做办公室与库房。3月16日，东北书店齐齐哈尔分店的门市在此开业。由于是总店的直属分店，大批佳木斯总店的出版物迅速运到齐齐哈尔。虽然门市不大，但读者络绎不绝，书刊销售的情况非常好。秉承着东北书店以往的发行经验，齐齐哈尔分店开业之初即与活跃在西满地区的出版机构建立联系，帮助他们开展发行工作，并在分店门市中销售外版的书刊。其中嫩江文协出版印刷的文艺书刊就是交由其发行的。随着分店业务的发展，西满分局将书店当作了宣传部门的重要组成部分，为了提高书店门市的销售量，经西满分局安排，将书店门市迁到了一栋二层的楼房内，这样门市扩大了，能够摆放更多品种的书刊。

由于西满分局当时分管内蒙古临近东北解放区的部分地区，所以齐市分店在图书发行上兼顾辽北书店和内蒙古书店①工作业务。据当时在西满日报社工作的周保昌回忆，"内蒙的业务发展比较快，曾几次向西满分店添书，仍满足不了需要，为了改变内蒙的状况，后来改由东北书店总店直接领导内蒙书店"。内蒙古书店成立之初，隶属于内蒙古日报社。门市主要经营图书、报纸和文具，其中销售的书刊分为蒙、汉文两种，蒙文书刊由报社出版印刷，汉文书刊全部由东北书店齐市分店供应。1948年5月，报社任命日义谟德担任书店经理。同年7月，内蒙古书店与内蒙古日报社分离，之后组织和业务分别受内蒙古工委宣传部和东北书店总店双重领导。1948年11月，内蒙古书店改称东北书店内蒙分店，设业务、财务、服务（门市）股，下辖突泉县、西科中旗、索伦县三个支店。书店经理日义谟德和包维新自1948年后多次参加东北书店总店召集

---

① 内蒙古书店1947年9月1日成立于乌兰浩特。

的会议，1949 年 7 月东北书店改称后，内蒙古分店也随之改称。

至今发现冠以"东北书店齐市分店"的出版物共 6 种，分别是 1948 年 1 月至 6 月出版的《翻身歌集》《翻身歌唱》《整顿党的队伍与平分土地文献》《怎样分析阶级》《土地改革中的几个问题和三个典型经验》《中国革命与中国共产党》，这 6 本书在店名后均标注出"发行""印""印行"三种不同的情况。由于齐市分店是直属分店，不可能在齐齐哈尔自主编辑图书。这 6 本书虽然清楚地标注店名，但也只能是地方性的机构委托分店进行印制出版。虽这 6 本书从内容上看属于结合时事的工作性用书，不具备版本价值，但对于齐市分店的业务发展能够起到很好的证明作用。

齐齐哈尔分店销售发行的书刊

四、北安分店

在史志及前人回忆录的记载中，基本上没有关于东北书店北安分店建立及发展的相关记录。提及这个分店的主要原因是北安分店曾印制出版过标注"东北书店北安分店"的书刊。通过对东北书店出版书刊的版权页上关于各地分店记录比对发现，自 1947 年 3 月北安分店开始出现在版权页上，这也就是说这个分店最晚成立于 1947 年 2 月。由于没有相关的文献记载，只能将这个判断日期作为北安分店的成立日期了。据书店副经理周保昌的回忆，1947 年张向凌①曾兼任黑龙江分店的经理。由于那时的北安是黑龙江省省会，所以这个分店就应该是北安分店的后期称谓。张向凌是黑龙江日报社的创建者之一，也是负责报纸发行的主要领导。这也就可以推断证明书店与报社的关系了。通过这个时期的北安出版物发现，1946 年 8 月左右曾出现过北安新华书店，直属于黑龙江日报社。

而通过东北书店北安分店冠名的出版物看，都是由新黑龙江报社印刷厂印刷的。《黑龙江日报》②在 1947 年 5 月合并改名为《新黑龙江报》，但这两个报名都是由黑龙江日报社所使用。也就是说北安新华书店即为东北书店北安分店的前身。由此可以分析这个分店应该是类似于牡丹江分店的模式，下属于黑龙江日报社的一个地方性分店。由于北安所处的特殊地理位置，东北书店总店为开拓销售在此建立分店具有十分的必要性，所以北安分店主要的工作职能还是放在书刊的发行上。至今发现北安分店 1948 年 5 月开始自行编辑印制书刊 6 种，分别为《建党文集》与《政策指示汇集》（1—5）。

---

① 张向凌（1922—2013 年），男，河南省安阳市人。1937 年抗日战争爆发时，正读初中的张向凌被迫辍学，1938 年赴山西入八路军晋南军政部学校学习，同年参加中华民族解放先锋队。在太行山根据地报社从事出版发行工作，1939 年加入中国共产党。1943 年到延安中央党校学习，1945 年 11 月到黑龙江参加创办《黑龙江日报》，1947 年 2 月任副社长。
② 黑龙江日报社成立于黑龙江省北安市，报社挂牌时间为 1945 年 12 月 1 日，初期由于编采人员不足，暂时出版刊登以新华社电讯为主的《时事新闻》，1946 年 2 月 1 日改报名为《黑龙江日报》。

第三编
披荆斩棘　筑书为城

1948.1 / 1948.10

　　1948 年是东北书店发生巨大变化的一年。1 月，东北局决定，东北书店脱离东北日报社，直接归属于宣传部领导，并规定解放区内凡是由地方党委领导的书店逐渐地在名义上都统一为"东北书店 × × 分店或支店"。同时为加强书店内部业务建设，"东北书店第一届分支店会议"于 1 月 15 日在哈尔滨召开，同日东北书店店刊——《业务通讯》在哈尔滨创刊。至此，东北书店已逐渐成为东北解放区内中国共产党领导的最大的文化机构。伴随着战略反攻，松花江以北原国民党占领的大城市相继解放。在东北局宣传部的指示下，东北书店人员披荆斩棘，开始了新解放城市的建店工作。在克服困难、艰苦创业精神的指引下，4 月 3 日，东北书店吉林分店开业；10 月 23 日，东北书店长春分店开业，接收后的长春印刷厂也开始恢复生产。跟随着人民军队的脚步，东北书店这支文化队伍也进军到了东北境内各个收复地区，筑书为城，"辽北""辽宁""安东"三个地方性分店的相继改称，证明了东北解放区整体书刊发行网络几近形成。

1948年5月，东北书店版《毛泽东选集》出版发行，这是东北解放区出版史上的一件大事。在东北书店接到这个任务后，仅利用7个月时间就将这部精美的书籍编辑、印刷出版完成。其中凝结了所有参与者对于革命领袖的爱戴，也全面展示出东北书店在书刊出版方面的业务水平。这部《毛泽东选集》在编辑、印刷、装订、版式设计等方面均属上乘，在新中国成立前解放区出版的所有同类书刊中名列前茅。

第一章　舆论宣传作先锋

　　1948 年 1 月，东北局决定，东北书店脱离东北日报社，归属宣传部直接领导。东北局宣传部又在东北解放区内以文件的形式下发通知："东北书店是东北局宣传部领导下的出版发行部门，总店为了推广发行工作在省县地方设有分店或支店，分店与支店在行政上业务上由东北书店总店直接管理，各省县党委宣传部对东北书店分店与支店有领导的责任。"这次领导权的变更，是东北局对于东北书店全部工作的认可。此举在东北书店发展史上可谓重中之重。至此东北解放区内凡是由地方党委领导的书店都将逐渐地在名义上统一为东北书店××分店或是支店。此时已建立的各分店印刷厂均改名称为东北书店印刷厂。东北书店总店对于机构人员也做出了切实可行的划分。

　　总经理:李文，兼管出版部，下设佳木斯印刷厂、哈尔滨印刷厂。

　　副经理：卢鸣谷，兼管经理部，下设人事科、会计科、总务科、哈尔滨文具工厂。

　　副经理：周保昌，兼管发行部（业务部），下设批发科、门市科、栈务科、进货科、邮购服务科（设赠阅股、借书股、订阅股）。

　　编辑部主任：李一黎，负责书刊编辑、杂志社、资料室。

　　这个机构设置一直存在到东北全境解放。

　　为了更好地建立书刊发行网络，累积东北书店各分店支店的工作经验，改善书刊发行工作中存在的不足，1948 年 1 月 15 日，在东北书店总店的召集下，东北书店第一届分支店会议在哈尔滨召开。这次会议共计 40 余名工作人员参加，均来自于北满地区 39 个分店支店。会前，总店副经理卢鸣谷和周保昌分别深入到佳木斯、牡丹江、延吉、绥化、海伦、北安、齐齐哈尔等地的分店和支店去做工作调研，以确定这次会议所要解决的问题。会议首先由总经理李文提出会议所要达到的目的和今后工作中的四点希望：一、要实事求是，以老老实实的态度把各地工作情况与工作经验介绍出来，不要夸张，不要造假；二、要以批评与自我批评的精神提出问题来研究与讨论，学习好的，批评坏的；三、要确立我们对书店工作的正确观点；四、要确立书店工作的方向与任务。卢鸣谷根据调研写出了《我们是干什么的？》一文，在会上将调研各分支店时发现的问题和现象列举出来，提出了"必须明确书店工作性质与任务是这次会议必须解决的一个思想问题"。周保昌在会上以"贯彻为人民服务"为题进行发言，指出：必须把书店工作提高到完成政治任务的水平，结合当前的政治任务，必须了解群众的实际需要，必须了解群众的困难，解决群众的困难，要以对人民负责的态度来对待自己的工作。

接着由分店、支店人员进行讨论。虽然这次会议只进行了 7 天，但明确了东北书店今后的工作性质和任务，统一了对书店工作的认识，密切了总店和各分支店的关系，汇集了当下书店门市中所需改正的缺点，提出了将"书刊下乡"工作作为下一步工作的重点。

东北书店的"书刊下乡"工作，最早开始于 1946 年年底的合江地区。由于当时发行网络建立得不完善，出版书刊很难发行到边远农村的村屯。而此时合江地区都在开展土地改革和地方性政权建立运动，多地出现了指导性用书和教育类农民教材短缺的情况。为此富锦支店于 1946 年 12 月最早派出 3 名工作人员下乡，流动进行书报销售工作 20 天，效果十分明显，受到了当地农民的欢迎，后来很多支店都进行效仿。但由于个别支店工作开展懈怠，没有将这项工作坚持下来。在这次会议中，总店提出

"今后把发行力量放在农村"作为重点去落实。会后"书刊下乡"这一做法被全面大力推广，并延伸为利用春节期间以售卖年画为主，兼销售通俗读物、歌本等书刊，以慰问军烈属为契机赠送书刊，建立销售点到各村屯流动销售，等等。通过采取这些灵活的销售方法，迅速将东北书店的出版物送到了边远农村农民的手中。这种做法一方面有效地宣传了中国共产党的方针政策，另一方面还能让边远农村的农民知道和了解东北书店。书报下乡销售工作是东北解放区图书发行上的创举，且一直延续到新中国成立以后。

东北书店第一届分支店会议是针对分店业务发展的首例经验交流的创举，而与这次会议同时创办的东北书店店刊——《业务通讯》，应该属于这个创举的完美补充。《业务通讯》的创办目的在"发刊词"里讲得很清楚：第一，通过《业务通讯》来统一思想，提高大家对书店工作的认识，并与当前实际斗争结合起来，把为人民服务的工作作风发扬起来；第二，通过《业务通讯》来提高业务水平，交流经验，成为贯彻工作任务的有力工具；第三，通过《业务通讯》把书店的工作结成为统一的、有机构成的文化战线上不可缺少的一个力量，使书店工作者在精神上联系起来，工作上团结起来；第四，通过《业务通

讯》可以彼此了解，互相学习，改进工作并加强业务学习。《业务通讯》的创刊，是李文继承了抗战时期生活书店出版内部刊物《店务通讯》的经验。当第一期《业务通讯》送给东北局宣传部部长凯丰时，凯丰在封面上批示"浪费纸张，立即停刊"八个字。李文看到后非常吃惊，后又向副部长郭述申请示，郭说："我向他解释，你们继续办。"就这样《业务通讯》才存留下来。对于这个店刊，在创办初期，很多分支店人员也不理解，虽曾发出过"总店真是闲着没事干，出这个刊物有什么用"以及"我们是地方书店，一些问题都向地方上级谈，没有必要跟你们说"等等的抱怨，但是大多数分支店还是重视的。①

《业务通讯》创刊后，凡是东北书店的工作计划、出版规划、经

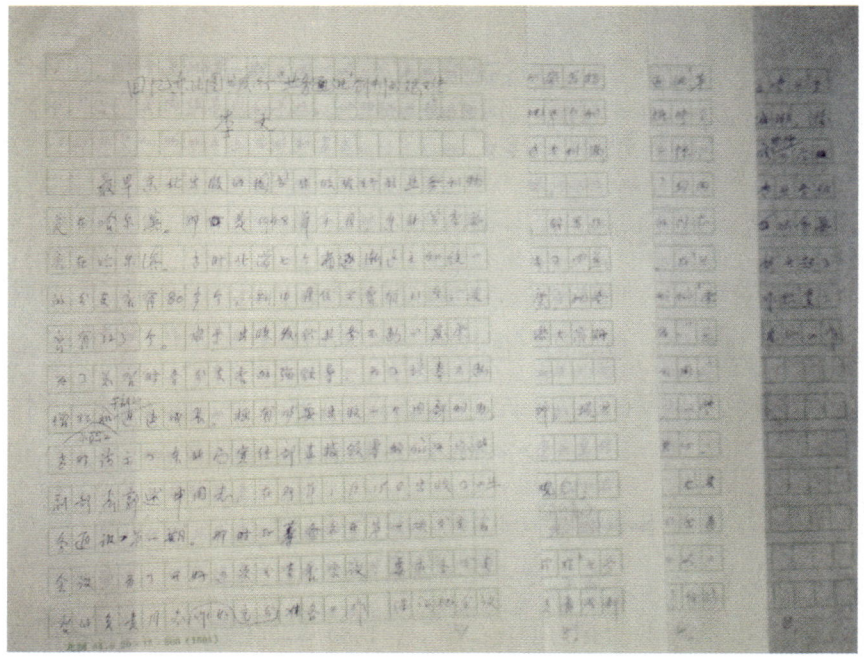

李文手稿《回忆东北图书发行〈业务通讯〉创刊的艰难》

---

① 李文：《回忆东北图书发行〈业务通讯〉创刊的艰难》（手稿）。

验总结、各部门工作的统计资料、发行情况、存货调剂、读者反映、财务管理、人员任免调动以及各省县分支店的活动，都在店刊上公布，成为东北书店工作人员业务学习和工作沟通中的指导性资料。《业务通讯》出版 15 期后改名为《出版与发行》，直至新中国成立以后。这个刊物从创刊开始就是由书店副经理周保昌主编，从审稿、编排、校对清样以及写社论和重要文章，都是由他亲力亲为。

《出版与发行》

　　《业务通讯》创办后，成为东北书店总店与各分店之间相互联系的纽带，对于图书出版发行有着很重要的指导意义。同时，在培养出版发行干部上也起到了很大的作用，有力地促进了书店工作走向成熟和完善，也是东北书店业务开展的历史见证。

　　1948 年 9 月开始，东北书店总店开始试行薪金制，这也标志着东北书店走向正规的企业化。原有的供给制是将生活必需品平均分配给个人，这样不但会造成个别的浪费，也不利于鼓励工作积极性。实施薪金制后，按评薪标准计算，最后折合成现金下发，这对于奖惩制度的落实起到完善的促进作用。

第二章 光辉旗帜指方向

　　自 1945 年东北书店门市部成立开始，即在门市上销售毛泽东著作单行本。1946 年转移至佳木斯后，开始正式自行翻版印刷。自 1946 年 10 月至 1949 年 6 月，东北书店总店和分店先后印制出版各时期毛泽东著作和介绍毛泽东事迹的书刊。东北书店版毛泽东著作从出版的种类和印刷数量上，均高于其他解放区的出版机构。毛泽东的著作如光辉的旗帜，指引着中国革命的方向。出于对人民领袖的爱戴，毛泽东著作和介绍毛泽东事迹的书刊一直深受东北解放区读者喜欢。在东北解放区传播毛泽东思想，是东北书店的一项基本且重要的任务。所以，在排印这类相关书籍时，工人们都是怀着崇敬的思想去工作，因此东北书店版毛泽东著作和介绍毛泽东事迹的书刊，在封面设计以及排版印刷和装订上都是非常精美的。具体的出版情况详细统计如下：

毛泽东著作及相关图书

书名	《湖南农民运动考察报告》
版别	1. 无版权页（约为佳木斯 1946 年 10 月）
	2. 1948 年 10 月 佳木斯再版
	3. 1948 年 11 月 佳木斯再版
	4. 1948 年 10 月 哈尔滨三版
	5. 1949 年 3 月（政治参考书）佳木斯印刷

书名	《中国革命战争的战略问题》
版别	1. 无版权（约为佳木斯 1946 年 10 月）
	2. 1948 年 8 月哈尔滨初版
	3. 1948 年 12 月哈尔滨再版

书名	《抗日游击战争的战术问题》
版别	1947 年 6 月佳木斯初版

书名	《抗日游击战争的一般问题》
版别	1947 年 10 月佳木斯初版

书名	《论持久战》
版别	1. 1946 年 11 月佳木斯初版
	2. 1947 年 6 月东安再版

书名	《经济问题与财政问题》
版别	1. 1946 年 11 月佳木斯出版
	2. 1947 年 9 月东安翻印
	3. 1949 年 3 月（政治课参考书）沈阳印刷

书名	《论新阶段》
版别	1947 年 6 月佳木斯初版

书名	《中国革命与中国共产党》
版别	1. 无版权（约为佳木斯 1946 年 9 月）
	2. 1947 年 3 月佳木斯出版
	3. 1947 年 9 佳木斯再版
	4. 1948 年 3 月佳木斯三版
	5. 1948 年 5 月佳木斯四版

书名	《中国革命与中国共产党》
版别	6. 1948 年 4 月齐齐哈尔分店再版
	7. 1948 年 10 月 佳木斯三版
	8. 1949 年 5 月安东分店出版
	9. 1949 年 2 月沈阳八版
	10. 1949 年 6 月辽宁分店出版
	11. 1949 年 3 月（政治课参考书）沈阳印刷
	12. 1949 年 4 月大连分店三版

书名	《新民主主义论》
版别	1. 1946 年 12 月佳木斯初版
	2. 1947 年 7 月佳木斯出版
	3. 1948 年 5 月哈尔滨再版
	4. 1948 年 10 月哈尔滨五版
	5. 1949 年 1 月沈阳六版
	6. 1949 年 3 月安东分店出版
	7. 1949 年 3 月（高三年级，专科学校课本）佳木斯印刷
	8. 1949 年 4 月沈阳八版
	9. 1949 年 4 月辽宁分店

书名	《农村调查》
版别	1. 1947 年 12 月牡丹江分店出版
	2. 1948 年 1 月佳木斯初版
	3. 1949 年 3 月（政治课参考书）佳木斯印刷

书名	《在延安文艺座谈会上的讲话》
版别	1. 1946 年 12 月佳木斯出版
	2. 1947 年 9 月东安再版
	3. 1948 年 10 月佳木斯再版

书名	《论联合政府》
版别	1. 1947 年 7 月佳木斯初版
	2. 1948 年 10 月佳木斯再版
	3. 1949 年 3 月（政治课参考书）佳木斯印刷
	4. 1949 年 4 月长春三版
	5. 1949 年 2 月辽宁分店出版

书名	《目前形势和我们的任务》
版别	1. 无版权（约为佳木斯 1948 年 1 月）
	2. 无版权（牡丹江约为 1948 年 1 月）
	3. 1949 年 3 月（政治课参考书）长春印刷

书名	《在晋绥干部会议上的讲话》
版别	1948 年 5 月辽北分店出版

书名	《全世界革命力量团结起来，反对帝国主义的侵略》
版别	1. 1948 年 11 月哈尔滨初版
	2. 1949 年 6 月辽宁分店出版

书名	《毛泽东选集》
版别	1948 年 5 月哈尔滨出版

书名	《毛泽东同志论新民主主义文化教育》
版别	1947 年 6 月东安分店出版

介绍毛泽东事迹类图书

书名	《毛泽东的故事》
版别	1. 1946 年 10 月佳木斯出版
	2. 1948 年 6 月佳木斯再版
	3. 1948 年 12 月佳木斯三版

书名	《毛泽东的思想与作风》张如心 著
版别	1. 1946 年 11 月佳木斯出版
	2. 1947 年 10 月佳木斯再版
	3. 1948 年 5 月佳木斯三版
	4. 1948 年 10 月佳木斯四版

书名	《毛泽东印象记》许之桢 编译
版别	1. 1947 年 1 月佳木斯出版
	2. 1947 年 11 月佳木斯再版
	3. 1948 年 5 月佳木斯三版

书名	《毛泽东传》斯诺 著　　汪衡 译
版别	1947 年 12 月佳木斯初版

书名	《毛泽东的青年时代》萧三 著
版别	1. 1947 年 11 月佳木斯出版
	2. 1948 年 4 月佳木斯三版

东北书店印制出版的毛泽东著作系列中，1948 年 5 月版《毛泽东选集》是新中国成立前解放区版本中印量最大、版式设计与装帧最为优秀的版本，此书的出版可谓是东北书店出版史上一件大事。对于这部《毛泽东选集》成书过程的介绍文章较多，阅读一些论著后发现，

其中鲜有真正的参与者，后人不乏存在无实物性的赘述。下面根据主要参与者的回忆录和对实物的研究比对，完善总结一下这部东北书店版《毛泽东选集》从筹备到成书的整个制作过程。

东北解放区最早印制发行的《毛泽东选集》是大连大众书店版。这个版本是按照1944年晋察冀日报社原版整理后，并添加内容翻印的，1946—1947年四次按平装和精装两种装帧出版。大连大众书店版《毛泽东选集》，1947年曾在东北书店的门市上销售过。由于是翻印的原因，很多抗战以后的毛泽东文章没有收录。1947年9月底，从延安转给中共中央东北局一部《毛泽东选集》的稿本，要求在东北解放区进行印制出版。当时这项任务的主要负责人是中共中央东北局宣传部部长凯丰。他首先找到东北书店总经理李文和副经理周保昌，确定这个任务交由东北书店去完成，同时要求按东北解放区书刊印刷装订的最高水平将这部书出版出来，印刷的数量定为两万册。为了完成好这项重要的政治任务，李文找到书店的其他领导，一起研究出版这部书的相关细节。首先考虑的就是整体的版面设计问题，既要有别于以往出版过的《毛泽东选集》，又要有东北解放区的创新特点。经过讨论后简要地确定为：（1）书刊整体装帧采取外壳精装形式，书的开本设定为25开；（2）以千余页的稿本为基础，将全书编辑为"六卷本"，页码确定为999页；（3）对于书的封面、内页进行精心设计，突出东北解放区的特点。确定以上思路后，立即着手编辑目录，一并

《毛泽东选集》
封面书影

报给了中共中央东北局宣传部审查。在得到上级的认可后，东北书店即开始了印制这部书的全面工作。

当时印刷问题成为东北书店第一个难点，虽然佳木斯印刷厂在书刊印刷水平上，可以排在东北解放区的前列，但是在印制高质量精装书刊方面，技术上还是达不到预想的标准。这时大家想到了哈尔滨的东北铁路印刷厂（抗战胜利前为中东铁路印刷所，哈尔滨解放后被接收，1946 年 10 月更名），该厂的硬件设施和技术条件好，曾经为中东铁路长期印制铁路系统使用的印刷品。当李文初到工厂提出在这里印制《毛泽东选集》的想法时，工厂负责技术的人员很是犹豫，虽然具有较高的印刷水平，但这里从来没有印过这样大型的书刊。经过多次与工厂的负责人协商，他们认识到了在东北解放区出版《毛泽东选集》的重大意义，同意承担这项印刷任务。在厂长胡汉的动员下，排版、印刷、装订等车间的工人都表示要排除困难，保证完成这项政治任务。印刷厂确定后，下一个问题又凸显了出来，这就是纸张的问题。按上级要求这部《毛泽东选集》的印量是两万册，原计划使用库存的纸张，因为这些库存都是接收敌伪物资

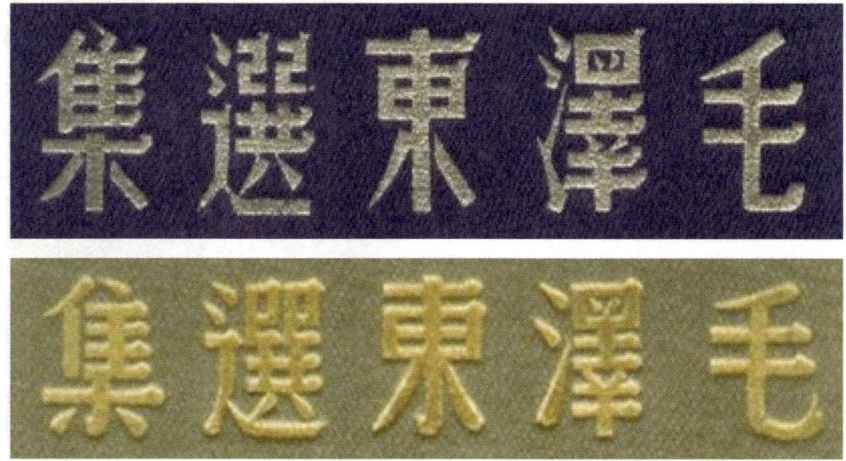

《毛泽东选集》
书名使用的两
种字体

时留下的最好的纸张。当清查库存时发现，库存纸张数量根本达不到印制这部书的用量。为此，李文请示时任东北经济委员主任王首道特批专项经费，由东北日报社下属的石岘造纸厂特制一批专用纸张。在纸张生产的两个月里，书店领导开始细致规划设计这部《毛泽东选集》印制上的每一个小细节。如在书内正文的字体型号上，"目次"的页码采用罗马字码，正文用阿拉伯数字，标题全部用黑体，篇题用二号黑体，章节分别用三、四号黑体，正文用五号字。字体确定后，由东北铁路印刷厂全部重新铸造铅字。1947 年年底，纸张全部运到哈尔滨后，紧张的排印工作正式开始。当排版结束后，最重要的就是对于清样的校对工作。为了保证书内没有一个错字，书店领导李文、周保昌、王大任、李一黎、黄洪年以及东北日报社的史堪都参与到这项工作中，全部清样前后校对 7 遍。书店工作人员也是每天轮流在印刷厂值班，定时对印刷出的书页进行抽查，遇到问题立即解决，都盼望着这部精美的东北书店版《毛泽东选集》早日出版。

接下来说一下，对这部《毛泽东选集》必须提到的几个问题。首先是这部书的精装封面用料。东北书店版《毛泽东选集》的封面采用了布和缎两种材质，颜色分别有蓝、黄、黑、红、绿、灰 6 种，封面题头"毛泽东选集"的压制烫金是两个版别，这样算下来，如果按封面区分的话，应该存在 20 多个版别。曾经一直传说存在以"羊皮"作为封面的版本，但至今未见实物。根据现有回忆文章，第一个提到"羊皮"封面版本的是东北书店副经理周保昌，他这样描述："我们协作得很好，他（哈尔滨铁路印刷厂厂长胡汉）还提出了一些好主意，如每印一版，先用洁白的书籍纸印十张，以便将来送给毛主席。

而封面用料也是老胡的主张，找了一些羊皮做封面。"[1] 周保昌作为东北书店的领导以及制作这部书的亲历者，他的回忆内容非常具有可信性。通过对这段话细致地推敲可以看出，如果这个"羊皮"版本存在的话，也就是只有 10 本。但是是否将这个"羊皮"封面成书及何时将书送出却只字未提，纵观现存所有讲述到这个版本的文字材料，也都是出于这段文字。如果真的将这个"羊皮"封面的版本送给了毛泽东的话，应该属于东北书店史上的一件大事，然而为什么没有任何的记录？现存文献记录，将东北书店出版的书刊送给毛泽东的，只有 1946 年 11 月由凯丰从东北寄到延安的 4 本书。据东北书店副经理卢鸣谷回忆，1949 年 1 月 28 日在北平西郊的青龙桥见到时任北平市长的叶剑英，并送上一部东北书店版《毛泽东选集》。这里也没有提到是否为"羊皮"版本。在以往收集和研究的过程中，曾发现过一种用蓝色漆布制作精装封面的版本。虽然在东北书店出版的《毛泽东选集》封面中属于"特殊"版本，但这种封面用料也曾用于东北书店出版的精装本上，而且这个特殊版本的内页用纸、开本，以及整体装帧与普通本没有任何的差别，与"羊皮本"的描述也没有联系。所以这个"羊皮"封面版本应该只是制作时的一个设想，根本没有出版实物。后来的研究者不过是根据上面的文字自行判断，以讹传讹罢了。而对于为什么精装封面的用料和颜色存在不同这一问题，也是众说纷纭。其实，如果考虑一下印刷这部书的生产数量，以及此时东北解放区布料生产的水平，这个问题就迎刃而解了。封面及书脊上压制的毛泽东头像，是李文找到了哈尔滨一位制作钢模的师傅，设计了两个毛泽东头像的模子压制上的。可以说这两个具有凸凹感的头像用在封面

---

[1] 周保昌：《东北解放区出版发行工作的回顾》，辽宁人民出版社 1988 年版，第 73 页。

和书脊上，在整体的设计中可谓点睛之笔，使封面产生了较强的艺术效果。关于李文请老师傅制作钢模的情况，很多参与者包括李文自己与周保昌都在回忆录中这样表述过，而时任东北书店出版科科长的黄洪年在回忆录中说："封面由我设计，在装帧、材料和工艺方面力求达到精益求精"[1]。对于封面的问题，李文的回忆是"全书装帧设计，经过多次讨论和精心设计"[2]。由于黄洪年从西满地区调到总店后，曾亲手设计过书刊的封面，所以黄洪年说的设计封面应该具有可信度，通过李文的回忆可以看出包括封面在内的很多设计问题都是多次集体讨论形成的。基于上述回忆表述，关于东北书店版《毛泽东选集》封面设计问题，合理的推断应该是：最初的封面设计是由黄洪年开始的，后来经

大连大众书店出版的《毛泽东选集》精装本与平装本

过集体讨论研究并做出改动，所说的改动包括用钢模压制毛泽东头像，最终敲定封面设计方案。第二要说的是书内的防伪版权页和贴相。这部书的版权页存在装订在书前和书后两种形式，同时都是与环衬相连的，版权页使用"水印"防伪纸，至于是不是装订时特意安排的，至今不得而知。但是，与东北书店出版的另一部精装本《乱弹及其他》比对，也存在使用同样的"水印"防伪纸这种情况。这种"水

[1] 黄洪年：《九十回忆》，第20页。
[2] 李文：《从延安到东北》，载于《书店工作史料》第二辑，新华书店总店1979年版，第18页。

印"防伪纸，曾经是哈尔滨铁路印刷厂在敌伪时期印制铁路票证的专用纸，应该是因其纸质优良而使用的，并非单独为《毛泽东选集》制作的防伪纸。书内正文前加装一张硬卡纸，卡纸上压制暗纹上面粘贴有毛泽东肖像，在肖像前粘有一张玻璃纸作为保护页。书内使用的肖像有两种，分别是毛泽东在中共七大时做报告像和半身戴帽子像。由于肖像是单页印好后粘贴在卡纸上，加之暗纹映衬产生出较强的立体效果，这种设计在所有解放区《毛泽东选集》的版本中是独创的。如果将两种肖像也列到版本划分的话，加之封面用料和颜色区别，那么这部东北书店版《毛泽东选集》至少要有 40 余个版本了。最后说一下关于该书开篇的《目前形势和我们的任务》这篇文章。很多人对这篇文章为什么没有收到"六卷"其中去、是否作为这部《毛泽东选集》的序言等问题有所不解。其实这篇文章在 1947 年 12 月 25 日发表时，这部《毛泽东选集》已经编辑完结，为了这部书的内容完整，临时决定将毛泽东的这篇最新文章收入进去，所以将其安排在卷首。

综上，这部东北书店版《毛泽东选集》的印制出版，是东北书店史上最光辉的一笔。这部书的出版是东北书店工作人员集体智慧的结晶，体现出东北解放区人民对于中国共产党领袖的爱戴，也将东北解放区最高的书刊制作水平展现了出来。这部书出版以后，多次被当成奖品赠予劳动模范和战斗英雄。1948 年 8 月，全国第六次劳动大会在哈尔滨召开时，就将这部书作为礼品赠予参会代表。新中国成立以后新版《毛泽东选集》编辑出版时，也曾以此书作为重要版本资料来参考。

这部经典出版物至今已成为了展现东北解放区出版文化的历史革命文物。

第三章　解放号角催奋进

1947 年是东北战场发生巨大变化的一年，东北民主联军对国民党军队进行了夏、秋、冬三季战略攻势后，完全扭转了东北的战局，国民党军队已经丧失了战略上的优势。截至 1948 年年初，除吉林、长春、沈阳、锦州等几个大城市以外，东北其他大部分地区基本上都已解放。此时根据中共中央东北局宣传部的指示，所有解放区内由中共领导的书店都要改名为"东北书店 ×× 分店或是支店"，这样做的目的是为了统一书刊发行业务的全面领导，也就是能以最快的速度，将东北书店的出版物扩大到整个东北解放区。这个命令下达后，如解放的号角一样催人奋进，东北各地已解放的地区大部分已建立图书销售的门市逐渐进行了改称，此举为建立整个东北解放区的图书发行网络奠定了坚实的基础。随着战争的节节胜利，东北局宣传部指示东北书店总店到已经解放的吉林和长春去建立直属分店。

一、吉林分店

1948 年 3 月 9 日，在吉林市解放的当日，根据上级指示，东北书店总店派程刚枫立即前往，筹划开展建立直属分店的具体工作。这是由于 1946 年 4 月至 5 月间，程刚枫曾经负责建立过吉林市及周边的报刊分销处，对当地的情况较为了解。程刚枫再次到达吉林市后，首先是要找到适合建立分店门市部的场地。按照以往建店的经验，被解放城市原有的书店或是出版机构是最适合建立书店门市的。而此时吉林市内原国民党文化服务社已被吉林省委筹建的吉林书店使用了，只能再度寻找。最后，在吉林市松江路与重庆街交汇口处找到了一处二层楼房，楼房后有围墙，还有一个不小的院落，汽车能够进去，这处场地整体的情况很适合开设门市部。房子定下来以后就在门口贴出了"东北书店"四个大字，这就表示此处已经被东北书店使用了。地址确定下来以后，程刚枫立即返回哈尔滨，向总店汇报了吉林市的具体情况，提出了开设门市的实际困难，如虽然场地确定了，但开办书店所需的硬件设施都是空白，而且还需要配备干部等问题。这些困难对于东北书店总店来说也是第一次遇到，由于筹建吉林分店是在新解放的城市里建立第一个分店，不同于以往在北满建立分店那样顺利，一切都要从零开始建设。后经过总店研究决定，从哈尔滨派出十几名有经验的干部充实到吉林市去，门市中所需的一切硬件设施都在哈尔滨制作，完成后同图书一起运去。当程刚枫与十几名工作人员回到吉林市以后，吉林市的一个中学为书店输入了 7 名学生参加吉林分店的创办工作①。他们一起动手对楼房进行清理，同时设置分店机构，以及人员工作分工。当 3 月底门市所需的设施和书刊运到后，经过几天的店面布置，1948 年 4 月 3 日，东北书店吉

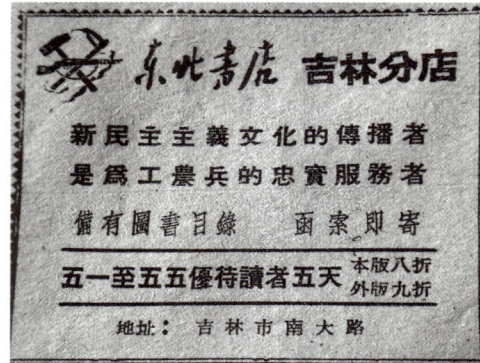

东北书店吉林
分店开业广告

————————

① 程刚枫在《转战中的东北书店》中记录：总店给吉林分店配备了十几位干部包括：王彩庆、张德裕、夏忠仁、黄亚哲、王燕华、田景良、杜海山、滕俊华、裴森、林松、勾良臣、孙茂喜。七名学生为尚森林、陈秀春、张秀兰、张泰东、及成起、姜佩轩、鲍桂珍。载于《书店工作史料》第三辑，新华书店总店 1979 年版，第 270 页。

林分店开业。此时的吉林市刚刚解放不到一个月，战争的痕迹还能随处可见。正常营业的店铺还不是很多，但东北书店的开业却是热闹非凡。由于吉林市原为伪满时期"省会"城市，市内有很多的学生和知识分子，在经历了两年国民党政权的统治，他们逐渐地了解和认识了中国共产党的性质，看到中国共产党领导下的书店开业，读者无不欢欣雀跃。吉林分店开业以后书刊的销售情况非常好，但此时程刚枫发现，有很多读者常常是每天都来看，但由于经济困难买不起书。对此程刚枫向总店提议，传承东北书店的优良传统，在门市部旁立即建立阅览室和借书处，以满足这些读者的阅读需要，此举在吉林市产生了很强的社会效果。当门市经营完全走入正轨后，下一步就将建立发行网络作为工作的重点。此时，延吉的原东北书店吉林分店（分销处）改为支店，其下设的支店仍保留设置。

东北书店吉林分店是东北解放区战略反攻以后，解放大城市建立的第一处直属分店。虽然初期遇到了很多的困难，但是经过解决问题总结出很多的经验。这些经验对下一步在大城市建立分店具有极强的指导意义。

经过对史料查找及藏书查阅发现，吉林分店虽然是直属分店，但并没有自行印刷出版书刊，门市中销售的本版书刊都是从哈尔滨总店运去的。至今发现的标注"东北书店吉林分店"的出版物有两种，一种是 1948 年 9 月创刊的季刊《文艺月报》，该书由吉林文艺协会编

吉林分店销售发行的《饮马河之歌》

辑，截至 1949 年 6 月，该杂志共出版四期；另一种为 1948 年 10 月夏葵著的《饮马河之歌》，这两种出版物都由吉林大众印刷厂印刷、由东北书店吉林分店发行及销售。通过这两种出版物来看，吉林分店在吉林市内没有东北书店专属印刷厂，书店在吉林市与其他书店之间，只是建立相互销售图书的业务联系，并且通过东北书店的发行网络将地方书店的出版物传播出去。

二、长春分店

1948 年 10 月 17 日，正当辽沈战役取得节节胜利的时候，国民党将领曾泽生与中共方面取得联系，率领驻长春的国民党第六十军官兵起义。1948 年 10 月 21 日，长春国民党守军全部投降，东北人民解放军进驻接防。被国民党占领两年五个月的长春再次解放。在长春解放之前，中共中央东北局城工部 [①] 在王稼祥部长的领导下，就已经建立起一支新的收复城市的接收队伍。其中出版方面负责接收任务的就是东北书店的工作人员。此次东北书店总店派副经理周保昌和负责印刷工作的王大任以及十余名 [②] 工作人员参与这项工作。根据东北局宣传部指示，收复长春后要立即接收市内国民党的大型书店，以此为基础建立东北书店长春分店，同时接收长春新生报印刷厂并恢复生产。为了把这项任务完成好，在周保昌的领导下，全体人员 10 月中旬从哈尔滨出发，携带千余种图书，经吉林市于长春解放当天进入市区。在长春市军管会的帮助下，顺利地接收了原国民党的正中书局和中国文化服务社。经过对两处

---

① 东北局城工部全称东北局城市工作部，成立于 1946 年，初期工作为统一领导敌占城市的地下党工作，1948 年后主要工作重点转移为收复城市的接收工作。

② 《东北解放区出版发行工作的回顾》写道：十余名工作人员包括黄亚哲、金铎新、赵德明、杨树萍、尚森林、肖德昌、张广和、王德贤、李忠志、孙亚光等。参见周保昌：《东北解放区出版发行工作的回顾》，辽宁人民出版社 1988 年版，第 90—91 页。

门市的比较，中国文化服务社一楼的门面较正中书局宽敞，且保存得比较好，适合在这里建立分店。选址确定下来以后，第二天所有人一起动手，打扫卫生，整理设施，摆放书刊。在

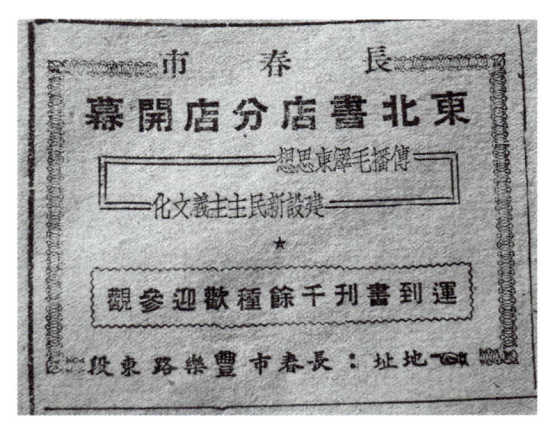

长春解放后的第三天——1948 年 10 月 23 日东北书店长春分店开业。按照东北书店标准的门市设计，悬挂出"东北书店"四个大字和毛泽东与朱德的画像。门市开业后虽然读者很多，但是此时店内的书刊还没有进行销售。由于长春刚刚解放，人们还没有从战争的阴影中走出来，现实生活中的困难还没有完全解决，所以门市先开放三天书刊阅览，这样可以让市民通过书刊报纸更多地了解到中国共产党的政策和东北解放区的情况。三天后正式营业，书价 7 折优惠销售 10 天。在正式销售后的 10 天内，每天都有数百人进店阅读购买图书，营业额也是不断上升。为了有助于长春分店的发展，11 月 2 日在长春的大马路上又开设了第二门市部。此时哈尔滨总店新出版的书刊不断运来。分店的工作人员也都克服了生活上的困难，全力服务于书店门市的工作上。

长春新生报印刷厂曾是伪满洲国最大的"满洲图书株式会社印刷厂"，机器设备非常优良。对于负责印刷工作的王大任来说，这里并不陌生。1946 年 5 月初东北书店第一次进驻长春的时候，他曾经来到过这里。完整的照相制版部、先进的印刷机、铸字及装订设备给他留下了很深刻的印象。当王大任带领 4 名工作人员（高全、何珍、魏焕然、姜佩轩）再次回到这里进行接收时，眼前的景象让他非常吃

惊，整个工厂被破坏得特别严重，门窗全部破损，所有的机器没有一台是完整的。为了能够尽快恢复生产，只能从佳木斯调来 40 余名技术工人，又在本地招收 60 余名职工，还通过关系将该厂原来的工人招回，将这些工人集中在一起完成工厂的恢复工作。初期的工作开展起来非常困难。首先是工人的思想觉悟问题，从佳木斯调来的工人觉悟较高，虽然技术上差些，但工作上听从指挥。而原厂的工人和新招来的职工，对共产党的政策不了解，很多还是存在旧思想，工作中消极不求上进。对此，印刷厂组织工人采取集体学习的方式，让职工了解目前的东北形势和全国形势，将共产党与国民党进行比较，以实际事例进行集中教育，并且成立了职工会，提高福利，开展文娱活动，帮助他们解决生活上的困难，对生产上的模范事迹进行报道，等等。当这部分工人的思想被打通后，他们逐渐明白了自己工作的意义。其次是机器设备的维修。当时工作的重点先放在铸字机上，如果能够铸出铅字来，排版就能够进行。接着是印刷机的维修，印刷机能够开动成书就没有问题。就这

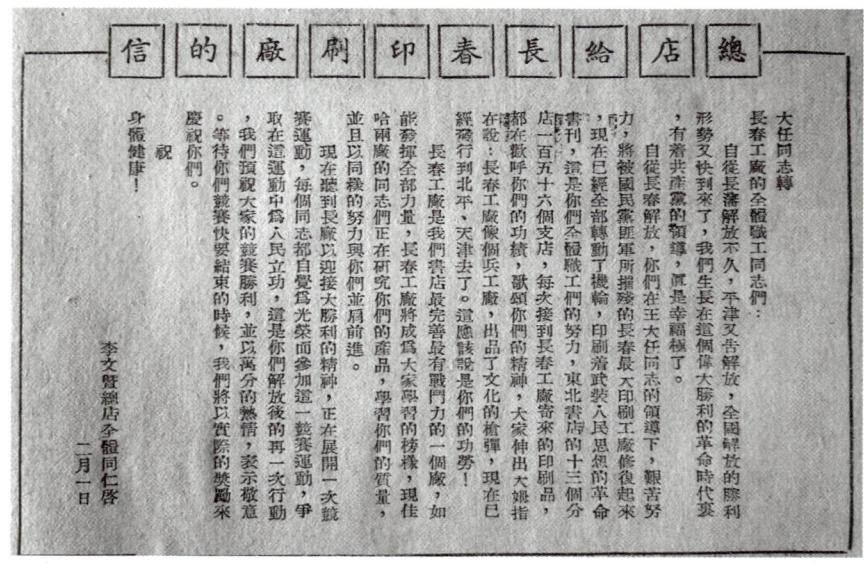

东北书店总经理李文写给长春印刷厂的慰问信

样一台台的机器都被修好了。通过新老职工间协同工作，在技术上也有了互补提高。工厂经过一个多月的恢复，已经可以投入生产了。自 1948 年 12 月开始，东北书店长春印刷厂印制的冠以"东北书店"的出版物开始面世。截至 1949 年 6 月，东北书店长春印刷厂共印刷图书百余种，并且曾多次开展劳动竞赛，提高生产水平。1949 年 2 月，东北书店总经理李文在《总店给长春印刷厂的信》中，肯定了长春印刷厂全体职工的工作成绩，对工厂能够快速恢复生产提出表扬。

东北书店辽宁分店和安东分店是 1948 年改称的两个地方性分店。改称前，它们都是东北解放区地方党委早期建立的书店，建店时间和东北书店属同一时期，而且其早期的出版物都在东北书店还没有自行印刷书刊时的门市上销售过。更重要的是，在改称为东北书店的分店后仍有自主编辑的书刊出版。这两个分店的工作人员，在东北解放战争时期的动荡飘摇中，仍然坚守在书刊出版和发行工作的第一线上，虽然历尽磨难，但他们发扬出的革命精神至今都是让人敬佩的。

三、辽宁分店

东北书店辽宁分店是 1948 年 4 月由光明书店改称的。光明书店是 1945 年 10 月在沈阳成立的书刊出版单位，也称作光明出版社。1945 年 11 月战局变化时，光明书店转移至通化，在沈阳和通化印刷的出版物曾交由东北书店门市进行销售。当 1946 年 3 月国民党部队大举进攻时，光明书店在通化地区坚持出版工作。10 月随军撤离到临江。当东北民主联军在 1947 年 5 月再次解放通化后，书店随军回迁。临江时期是光明书店成立以来最艰苦的时期，但当时书店仍坚持为部队印制文件和时事材料。随着东北战局的变化，1948 年 1 月，光明书店再次迁到梅河口，直至改称分店前。光明书店的印刷厂一直沿

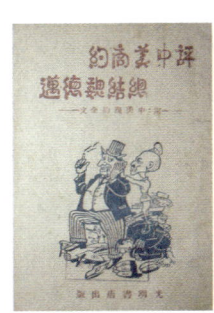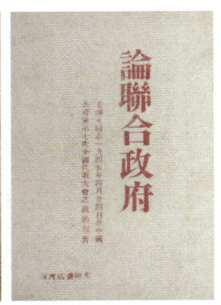

用着"东北印刷厂"这个名称。光明书店自成立以来翻印出版书刊80余种，包括时事政治、苏联文学、文艺作品等书刊。由于发行地位置多次变动，至今出版物存世量极少。其中《鸭绿江》是光明书店唯一印刷出版的期刊，而且也是伴随着光明书店转移至临江直至改称辽宁分店的一套杂志。《鸭绿江》创刊于1946年9月的通化，由通化文协鸭绿江社编辑。创刊之初计划编辑为月刊出版，但由于国民党部队进攻通化，鸭绿江社人员撤离到临江。在战局不稳的情况下，第二期直

《鸭绿江》
杂志

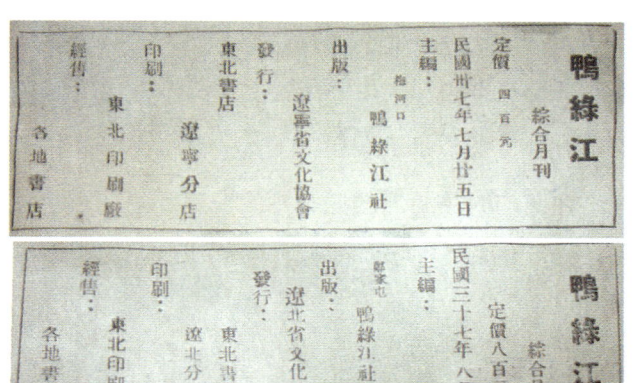

1948 年 7 月与 8 月
《鸭绿江》杂志版
权页比对

至 1947 年 5 月才出版，而且这也是光明书店在临江印刷为数不多的几种书刊中的一种。第三期出版于 1947 年 11 月的通化，从这期开始以月刊形式出版直至 1948 年 12 月，共出版 15 期。这套杂志虽然只出版 15 期，却见证了光明书店的转移以及改称为东北书店辽宁分店的过程。非常有意思的是在这本杂志的第三卷二期，也就是从 1948 年 8 月出版的这期开始，是由东北书店辽北分店开始印刷出版，这是因为此时原辽宁省政府与辽南行署合并改组新的辽宁省政府，而领导鸭绿江社的上级文化协会被划分到辽北省的缘故。所以，辽宁分店将印刷出版任务转移给了辽北分店。一套普通的文艺杂志能够经历如此转折，确实是意义非凡。

光明书店改称为东北书店辽宁分店以后，自 1948 年 4 月至 1949 年 5 月共印刷出版书刊 40 余种，其中分店于 1949 年 2 月印刷出版了由

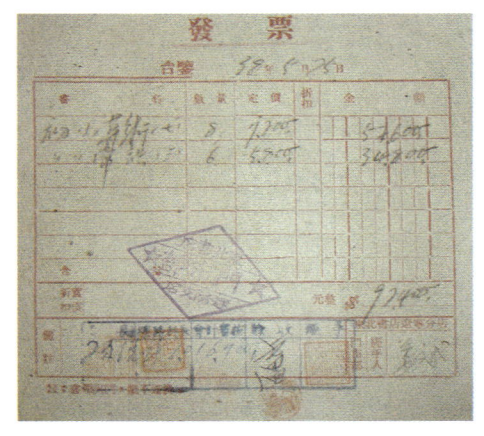

东北书店辽宁
分店书刊销售
发票

白山文艺工作委员会编辑的一套 12 本戏剧小丛书。这套书封面设计极其精美，开本小巧，印刷质量上乘。另一套是 1949 年 5 月翻印全国妇女联合会筹备委员会编辑的七本一套的丛书，这套书原为新华书店初版，在翻印时将封面的照相图案改由手绘制成，并加强了图案色彩的对比度，封面效果好于原版。

四、安东分店

东北书店安东 ① 分店是由安东书店于 1948 年 4 月改称的。安东书店在安东日报社领导下成立于 1947 年 6 月。此时正值安东二次解放，报社印刷的机器设备还散落在各地，所以只能采取租赁私营工厂的机器设备进行报纸的印刷。而此时成立的书店只是负责门市的经营，并没有编辑出版书刊。直至 1948 年年初，大批印刷机器设备运回安东后，成立了两个印刷厂，其中一个为书店的专用印刷厂。根据上级指示，1948 年 4 月将安东书店改称为东北书店安东分店。同年 6 月，辽东书店并入。对于改称后的安东分店而言，辽东书店的并入对后期分店的发展起到了重要作用。改称前的安东书店的历史发展与辽东书店是没有可比性的。辽东书店的历史最早要从 1945 年 11 月建立在安东市的辽东建国书社说起。辽东建国书社最初隶属于辽东军区政治部宣传部，初创时由史屏任经理，赵明任副经理。辽东建国书社成立后接收了安东市的三个造纸厂，在具有了出版书刊的基本条件后，立即组织社会上的印刷力量，迅速翻印出版了一批时事政治类书刊。这批书刊出版后立即在安东地区引起较大的反响，同时东北书店在本溪时期销售的书刊大部分是在这里印制的。辽东建国书社创建不久，中共安

---

① 安东：即今辽宁省丹东市。

东省委成立，书社即归省委宣传部领导。1946年年初，在接管日伪的一个美术印刷厂基础上建立书社印刷厂。后来，安东省委又组建为辽东省委，经上级决定，书社又改归辽东日报社领导。辽东建国书社建立以后，翻印书刊达100余种，并承担辽东地区中小学教科书的印刷和发行任务。在印刷技术方面，时为印刷厂厂长的王璟，先后两次向胶东的大众报社求援，选调了一批印刷技术骨干人员充实到书社印刷厂，东北民主联军的四纵直属印刷厂也合并到书社，提高了书社印刷出版书刊的整体水平。由于战局的变化，根据上级指示，书社分三批撤离安东市。1946年4月，由王璟带领印刷厂的机器设备、纸张和工作人员，准备乘船去中朝边境拉古哨。由于敌人的进攻，只能绕道

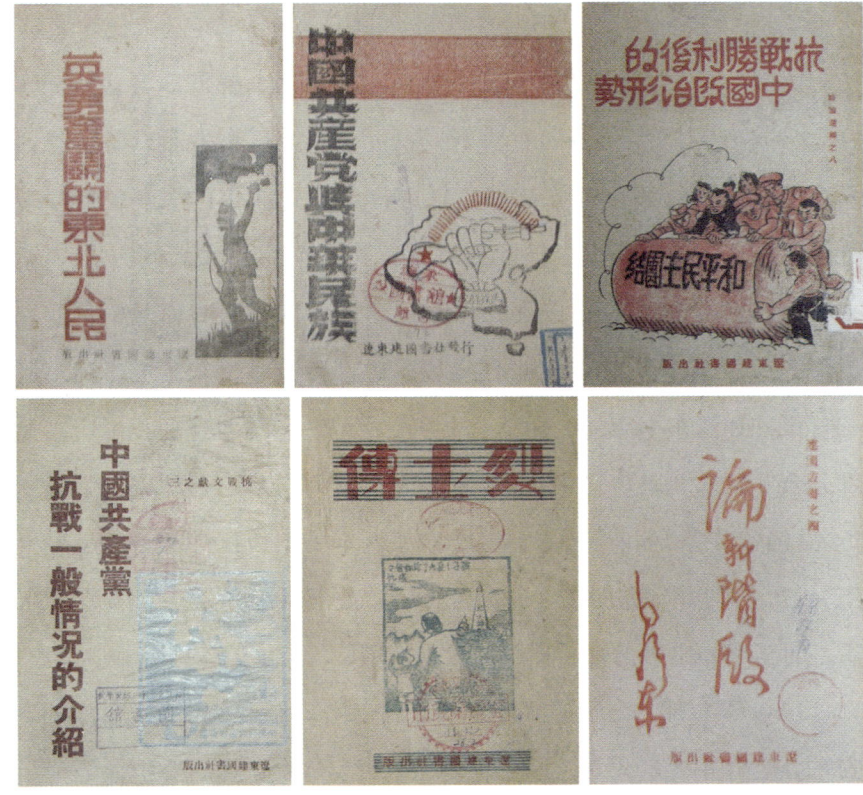

辽东建国书社
出版物

辽东书店出版物

到了长白县。虽然没有了印刷设备，但书社在安东仍然利用社会上的印刷厂继续出版书刊。第二批是 1946 年 10 月由副经理赵明带领门市人员，在敌人进占安东市的前一天撤出的，原来想撤退到临江建店，后来被迫转移到了长白县。第三批是在史屏带领下，在敌人已经攻入时才撤离。当书社全体人员和机器设备转移到

长白县后，即在当地建立起书店。1947 年 5 月通化再次解放后，书社随军迁入。此时根据上级指示，辽东建国书社更名为辽东书店，于 1947 年 6 月 1 日在通化接收的原国民党新生日报社旧址开始营业，工作人员 20 余人，由赵明担任经理。1948 年 5 月辽东分局撤销，辽东日报社和辽东书店随之撤销，书店干部除一部分组建通化书店，大部分合并到东北书店安东分店。据统计，安东分店自行印刷出版书刊近 40 种，其中 1948 年 9 月前只出版了两本书（1948 年 4 月《思想指南》，7 月《共产党员课本》）。由此看出，辽东书店在合并到安东分店后，对于书刊出版发挥了积极的促进作用。

　　1949 年 5 月，由于地区行政划分的变化，东北书店的辽宁分店与安东分店合并为东北书店辽东总分店，由姜信之、杨新吾担任经理。

合并后的辽东总分店共出版书刊近 20 种。同时两个分店下辖的 24 个支店 ① 统一归属辽东总分店管理，整顿完善后建立了安东、通化、瓦房店 3 个直属印刷厂 ②。

五、辽北分店

东北书店辽北分店是 1948 年 2 月由白城的胜利书店改称的地方性分店。胜利书店隶属于《胜利报》③ 报社，1946 年 10 月成立于白城市，主要职能是发行报刊和销售书刊。自主印刷出版的书刊较少，前面提到过的《国事痛》就是胜利书店的几种出版物的代表。1947 年 3 月，东北书店齐市分店成立后，胜利书店即与之建立业务联系，开始销售东北书店的出版物。1948 年年初，根据中共中央东北局宣传部指示，胜利书店改称为东北书店辽北分店。1948 年 9 月底，辽北分店随辽北省委由白城市迁往郑家屯，11 月由郑家屯迁至四平市。以上的几次地点迁移，也就是在 1948 年辽北分店的出版物版权页上，陆续出现过的白城子、郑家屯、四平三处地名的缘故。

辽北分店自改称以后，于 1948 年 4 月开始印制出版物，至今发现冠以"东北书店辽北分店"为出版地的书刊 13 种，内容基本上都是政治理论学习类的翻印书刊。其中 1948 年 10 月出版的《什么是共产党——共产党员常识三十讲》这本书，在整个辽北分店的出版物中是一个较好的版本。首先，这本书的印制地点应该是郑家屯（今双辽

① 《中国新华书店发展大系·辽宁卷》，辽宁人民出版社 2017 年版，第 12 页。
② 24 个支店为原辽宁分店下属的辽阳、盖平、辽中、台安、普兰店、宽甸、新宾、庄河、凤城、通化、辑安（集安）11 个支店，原安东分店下属的抚顺、营口、海城、盘山、新金、复县（今瓦房店）、安东县（今东港市）、孤山、桓仁、岫岩、通化、临江、抚松 13 个支店。
③ 《胜利报》作为辽西省委机关报，1945 年 11 月中旬筹办，1946 年 1 月 1 日创刊，报社初期在辽宁省法库县。1946 年 6 月，报纸改为辽吉省委机关报，1948 年 7 月改为辽北省委机关报，1949 年 1 月 1 日后改版为《辽北新报》。报社曾转战洮南、白城子、郑家屯等地。

市），按照辽北分店的迁移时间看，分店在郑家屯不过一个多月，这也是在郑家屯这个时间里出版的唯——本书。其次，虽然此书在 1948 年 7 月辽北分店以《什么是共产党——新共产党员读本》为名出版过，但是 10 月的这个版本，以"增订本"的形式两次印刷，对书刊的内容进行了大幅的增加，并且每篇正文后都附有"讨论问题"，而且这两次共征订了 40000 册。这也证明了在这一时期关于中国共产党理论学习的受众人数在大幅增长。

第四章　星火如炬映红心

东北解放区教科书的出版工作是东北书店书刊出版工作中一个重要项目，在东北书店整体的书刊出版发行中占有较大的比重。狭义地讲，东北书店出版的教科书主要是针对东北解放区内学生和农民的教育。星星之火可以燎原，对于沦陷十四年的东北人民进行革命性的教育，让他们认清时局形势，了解中国共产党的政策主张，是建立东北解放区政权所必须采取的方法。兴办地方性中小学校，鼓励农民参与政治学习，都被列为中国共产党初进东北建立解放区时的工作重点，所以当时教科书的出版成为一项重要工作。下面对东北书店在教科书出版发行方面所做的工作进行论述。

一、农民教育类教科书的出版

东北解放区针对农民政治和时事教育方面，初期的工作是由地方党委派出的土改工作团干部在农村开展的，其主要目的就是为了支援战争和进行土地改革，向农民进行时事政治的教育。自 1946 年 11 月开始，由东北局宣传部主编、东北书店印刷出版的《农村政治课本》，就在《东北日报》上刊出广告进行宣传，并且向合江地区农村发行，将这部书列为对农民教育的课本进行使用。这个课本在前言部分说明了编辑意图和使用的范围，全部内容分作十二课，第一课从"诉苦"开始，开篇即"穷人有啥苦处？咱们讲一讲吧，吐尽苦水"。

接着的第二课就是"找穷根""挖穷根"……这些运用东北农村方言编写的图书有利于土改工作团发动与教育农民，让他们都能积极地投入土地改革运动中，使农民在分到土地的同时，政治意识也得到了提高，并且在农民中还培养出一大批农村干部。

1947年10月21日，东北行政委员会下发了关于"开展冬学"的指示，将范围划定在农村干部、农会积极分子、民兵自卫队员和妇女会会员这个层面。在1947年11月出版的《冬学手册》就是借鉴陕甘

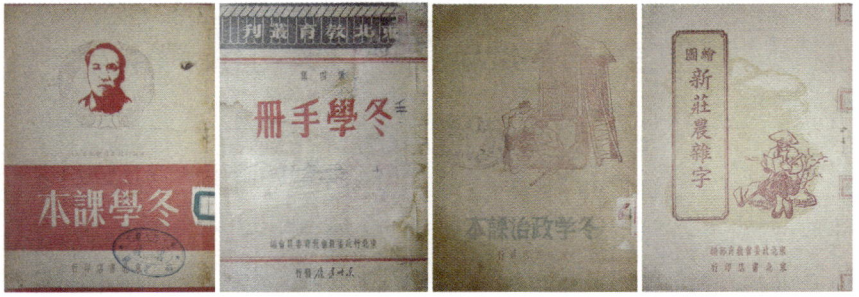

农民教育类教科书

宁边区抗日时期的经验，进行汇集成书。其中包括开展冬学的"发动方式""组织方式""教学经验""冬学典型"四个部分，有力地指导了东北农村冬学的进行。1947年11月，由东北行政委员会教育部编辑、东北书店印刷出版的《绘图新庄农杂字》，作为冬学夜校的自修课本使用。在当时的广大农村干部中，虽然他们政治意识提高较快，但是其中还存在很多的文盲，所以这本书就成为解决识字问题的好教材。书内采取上面图画下面文字的形式，文字部分则利用四字一句、通俗上口的方式进行编排，有利于农民较快地掌握学习。1947年12月，由东北行政委员会教育部编、东北书店印刷出版的《冬学政治课本》，则是帮助农民提高政治意识的好教材，书内将东北解放区人民所要面对的"支援战争""土地改革""生产建设""教育工作""政权建设"这五部分内容作为中心学习目标进行讲授，使农村干部和积极

分子能更好地了解时事。在东北农村进行的"冬学教育"活动一直开展到新中国成立以后，但随着解放区形势的变化，冬学的内容也随之发生了较大的变化。1949 年 1 月，由东北行政委员会教育部编辑、东北书店印刷出版的《冬学课本》，在内容上已经转变为以解放区的政权建设为主，加之法规、选举、干部政策等内容。这些内容说明了随着学习的深入，农村干部和积极分子的政治觉悟有了跨时代的进步。在东北解放区内开展农民冬学活动中，教科书课本的使用数量是巨大的，在印刷发行上从几千册逐渐到过万册，以至于一个品种多次再版，其中仅《绘图新庄农杂字》就曾 4 次再版，共印刷 20 余万册。

　　在东北书店出版的农民教育类教科书这个项目上，还要提到的就是曾经出版的两套有关农业生产的丛书，一套是 1947 年 4 月东北书店自行编辑出版的"生产小丛书"，另一套是 1948 年 4 月开始由松江省政府建设厅编辑、东北书店印刷出版的"生产丛书"。这两套丛书都是对于东北解放区农业建设具有指导性意义的书刊，在东北解放区农业生产上，起到了传播经验和教授方法的作用。1947 年 4 月出版的丛书现在发现三本，分别是《农事常识》《农家副业》《怎样组织插犋换工》，在内容上都是将报刊中发表过的有利于农业发展的文章编辑成册。而松江省政府建设厅编辑的这套丛书相对比较而言，其实际操作性和技术性要强于前者。这套书共八册，分别是：《如何才能增产粮食》《选种》《肥料》《耕作的方法研究》《病虫害的预防和扑灭》《农业耕作方法计算问题》《作物病虫害防除的一般常识》《农谚》，东北书店 1948 年 4 月初版发行，5 月又再版一次。相对于初版本的简单的封面，再版时封面添加了图案设计。这两套农业丛书在装帧上，均采用 64 开本设计，便于农民随身携带，利于学习使用。

二、中小学教科书的出版

在东北书店的书刊出版中，中小学教科书与书籍、杂志被列为三大出版项。在印刷出版数量上，截至 1949 年 6 月粗略估计能够达到 4000 多万册。这些教科书的出版，对东北解放区中小学教育顺利开展起到了巨大的推动作用。从 1946 年没有任何教科书出版经验的佳木斯时期，发展到 1949 年能够供应整个东北解放区中小学的教材，这是东北书店全体工作人员克服困难、勇于奋斗的精神体现。

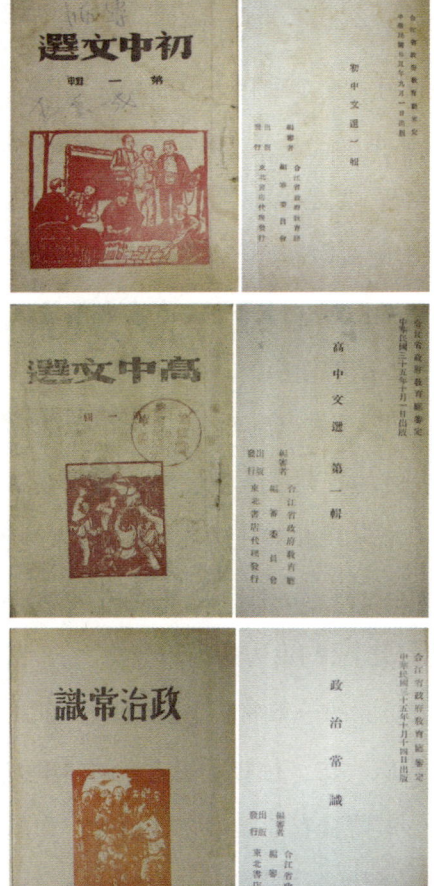

东北书店 1946 年为合江印制出版的教科书

东北书店最早出版的学生用教科书，应数 1946 年 4 月长春时期的《中学活页国文选》（一、二、三册），这是东北书店在通化印刷、长春发行的第一套教科书。当转移到佳木斯以后，在 1946 年 9 月和 10 月，为合江省教育厅先后印刷出版了《初中文选》（第一辑）、《高中文选》（第一辑）、《政治常识》等适用于合江地区的学生教科书。从这个时期的教科书出版看，东北书店对于这项工作是没有任何压力的。由于内容都是编辑好的，佳木斯的印刷厂已经开始正常运转，在印刷的数量上也是由合江省去指定的，所以在工作中就和一般的书刊出版印刷没有区别。这种为地方省市印制教科书的情况，在这个时期的东北解放区内是较为普遍的，各个建立人民政权的地区都是由当地政府为中小学编辑教材，并由当地的日报社或是私营印刷厂印刷。

1946年11月8日召开的东北行政委员会第五次委员会议决定，成立东北解放区中小学教材编审委员会[1]，董纯才任主任委员，教材的编写主要由东北大学完成，依据东北青少年的特点，充实国文和历史及时事的内容，此举将东北解放区内中小学教材的内容进行了统一。1947年年初开始，东北行政委员会将合江省、松江省、黑龙江省、哈尔滨市这些地区的中小学教科书印刷出版工作全部交给了东北书店去完成。虽说书刊的内容都是由教材编审委员会编辑完成的，但东北书店

1947年至1949年东北书店印制的学生教科书

---

[1] 苏甫主编：《东北解放区教育史》，吉林教育出版社1989年版，第25页。

在接受这个任务时，根本没有这方面的出版和发行经验。1947年1月9日，东北书店第一次在《东北日报》上刊出"发行中小学春季教科书"的广告以后，相应的困难也就凸显了出来，其中纸张问题成为最大的困难。虽说石岘造纸厂此时已经为东北书店印刷厂供应纸张，但三省一市的教科书数量汇集以后，发现纸张出现较大的缺口。无奈只能在2月4日的《东北日报》上刊出启事，说明了因纸张的问题无法完成，还是只能供应合江一省，其他地区提供纸样自行印刷。将这两份相隔不到一个月发表于报上的关于教科书的广告和启事相对比，不难发现其中的主要原因是初期对于教科书的印刷数量概念不清。纸张的困难出现以后，上级机关东北行政委员会给予大力支持，为东北书店调拨纸张，使书店在完成合江省的供应任务后，于1947年4月为哈尔滨市也印制出版了所需数量的书刊。在总结经验的基础上，从1947年秋季开始，教科书印刷出版工作开始被列为东北书店的主要工作任务。此时仍有部分地区由于战争原因导致运输中断，只能由东北书店提供纸样自行印刷。

1948年年初书店由东北局宣传部直接领导以后，东北书店开始逐渐向企业化发展。以往的生产是统一调拨不计成本，此时一切都要进行独立核算。所以，在一年两季的教科书出版发行上，出现了成本提

东北书店关于发行教科书，前后发布的两份启事

1949 年 东 北
书店出版的政
治参考书

高和书刊积压的问题。这些也主要是数量统计不够准确以及运输成本提高所造成的。对此，为了保证中小学学生的用书，书店一方面采取各分店印刷厂就地印刷，这样可以降低运输成本，另一方面加强数据的准确性，杜绝积压问题。自 1948 年 6 月召开的东北书店第一次分店经理会议以后，在历次东北书店总分店会议上，都将教科书出版问题列为重点去研究。其中个别分店曾违反总店规定，随意提高教科书的价格，造成了学生因价格问题无力购买的现象。总店发现后及时纠正，确保了学校教科书的正常使用。当东北全境解放、长春印刷厂迅速恢复了生产后，承担了东北全境每季将近 1500 万册的教科书印刷，极大地分担了佳木斯和哈尔滨两大印刷厂的压力。

1948 年年底总店迁往沈阳以后，对教科书发行工作的重视程度又上升到一个新高度。从 1949 年春季的教科书出版发行工作来看，当时的印刷问题已经完全解决，主要工作重点都放在了发行这个环节。在 1949 年 3 月 15 日出版的店刊《出版与发行》上，总店业务部表现

了题为"发行春季课本是当前的中心任务"的文章。对于各分店提出教科书发行的业务要求，鼓励各分店克服困难，保证完成任务。之后各分店也将如何解决困难、获得的经验以及取得的成绩

按东北书店提供样本，东北解放区各地自行印刷的教科书

发表在店刊上。

从 1947 年东北书店接受东北行政委员会教育委员会教科书印刷出版任务开始，至 1949 年 7 月书店更名改称，印制发行的教科书种类也从开始的初小、高小发展到后来的小学、初中、高中，并且为了结合时事，配合教育内容的更新，多次修改内容。其中在 1948 年 9 月为哈尔滨市印制的初中教材（初中国文、历史、地理、常识），就是由哈尔滨市教育局自主编辑的临时教材。在 1949 年春季的教科书出版上，初中课本除几何、代数、化学、物理、动物、植物外，其他的教科书全部重编，高中课本大部分采用开明书店和商务印书馆的版本进行翻印。为了加强学生和教师的课外学习，东北书店根据东北行政委员会教育委员会的规定，为初中和高中印制出版了 21 种政治课本参考书。这些参考书基本都是东北书店已经出版过的时事政治书刊，以这种形式再次出版，更有利于提高师生的政治觉悟。

序号	书　名	作　者
1	中国四大家族	陈伯达
2	人民公敌蒋介石	陈伯达
3	现代中国的两种社会	军大政治部
4	中国革命与中国共产党	毛泽东
5	新民主主义论	毛泽东
6	论联合政府	毛泽东
7	目前形势和我们的任务	解放社
8	帝国主义是资本主义底最高阶段	列宁
9	社会发展简史	
10	社会科学概论	吴黎平 杨松
11	整风文献	解放社
12	论共产党员的修养	刘少奇
13	论青年修养	洛甫
14	中共中央关于调查研究的决定	
15	农村调查	毛泽东
16	湖南农民运动考察报告	毛泽东
17	二千年间	蒲韧
18	政治经济学	列昂节夫
19	近代中国地租概论	陈伯达
20	财政问题与经济问题	毛泽东
21	国家与革命	列宁

1949 年出版初高中政治课本参考书目录

第四编
矢志不渝　红书成海

1948.11 / 1949.6

　　1948 年 11 月 2 日，东北全境解放。东北书店于 11 月 8 日重新回到了阔别三年的沈阳市。马路湾门市部的重新开业，标志着中国共产党的出版事业在东北已经完全取得了胜利。从 1948 年 12 月底开始，东北书店总店从哈尔滨陆续迁往沈阳。1949 年 1 月底，总店机关基本迁到沈阳后，其矢志不渝，初心不改，开始制订 1949 年出版计划，秉承着东北书店第三次分店会议[①]精神，为了更好地服务于东北解放区的读者，跨越式提升整体业务水平，东北书店全体人员在解决一个又一个困难中努力奋进。锦州分店和大连分店的成立，标志着东北解放区最大的集书刊编辑、印刷、出版、销售为一体的文化机构——东

[①] 东北书店第三次分店会议于 1949 年 1 月 15 日至 24 日在哈尔滨召开，嫩江、辽北、辽宁、吉林、牡丹江、合江、黑龙江、松江、内蒙古、安东、辽南、热河 12 个分店代表出席，讨论关于统一机构、统一制定、统筹统支等问题。

北书店，已经走向了成熟时期。

1949 年 1 月初，中共中央宣传部电令东北局宣传部，要求东北书店派干部携图书随军入关，协助中共中央宣传部和华北新华书店，接收平津两地原国民党的出版机构，并筹建新华书店。这是对东北书店在东北解放区所有成绩的肯定，这也将东北书店在东北解放区践行出的成功经验和出版的书刊传播到了平津。

1949 年 6 月 6 日，中国共产党领导下全国的书店统一为新华书店这个名称。东北书店总店经东北局宣传部向中共中央宣传部请示后，自 1949 年 7 月 1 日开始，东北书店改称为东北新华书店。

第一章　回归起点证初心

　　1948 年 11 月 2 日，东北野战军解放沈阳，标志着辽沈战役的结束、东北全境解放。当天在副经理卢鸣谷的带领下，东北书店人员携带大批书刊同中共中央东北局直属机关以及东北日报社的人员一起进驻了沈阳市。此时东北书店工作人员的心情是非常激动的，也是非常复杂的。他们不禁回想起 1945 年 11 月 16 日在沈阳马路湾建立的那个不起眼的东北书店门市部，回想起这个奋斗开始的起点，回想起在国民党军队追击下一次次的转移，回想起在北满大地上的艰苦创业。三年后的今天，在中国共产党的领导下取得了东北战场的全面胜利，

沈阳东北书店门市部开业广告

书店又重新回到了这个起点，并且将象征着胜利成果的大批出版物运到了这里，这一切都是中国共产党人在东北大地上的胜利，也是东北书店三年来艰苦创业成绩的最好证明。此时的东北书店再也不是 1945 年东北日报社下属的简陋门市部了，在东北局宣传部的领导下，已经发展为东北解放区最大的集书刊编辑、印刷、出版、销售为一体的文化机构。

进入沈阳后，经军管会批准，东北书店人员在卢鸣谷领导下，先后接管了沈阳市内原国民党的正中书局、中国文化服务社、拔提书店、独立出版社、时与潮出版社及其所属印刷厂，并准备将马路湾接收的二层楼房①作为书店的门市和阅览室使用。1948 年 11 月 8 日，沈阳的东北书店门市部开业。卢鸣谷在回忆文章中这样记录着："十一月七日，即东北书店三周年纪念日，我们已完成一切准备工作。十一月八日早晨，沈阳东北书店开幕了，读者人山人海 ……"②但是这个开业时间与《东北日报》1948 年 11 月 10 日所刊广告的时间有出入。由于卢鸣谷是建立沈阳东北书店门市部的主要领导，而且他的回忆中提到了东北书店三周年纪念的事宜，所以相对而言具有可信度。而《东北日报》上的广告所载东北书店门市部开业时间为 11 月 5 日，经推算这个时间应该是东北书店进驻沈阳马路湾筹建门市部的时间，并非开业时间。

开业后的门市部受到了广大读者的欢迎，书店内新书全部陈列在大柜台上，这样的开架售书可以让读者随意翻阅、选购。工作人员每天都忙碌着将新运到的书刊上架，书刊销售量也是逐日增长。为了减轻读者的负担，门市旁建立了阅览室和借书处。两处共备有各类图书杂志千余种、一万余册免费提供给读者。对此，当时的《沈阳时报》③曾报道沈阳东北书店阅览室和借书处的情景："东北书店的阅览室和借书处设在马路湾，开门不到半个月，读者人数逐日增加，阅览室里整天坐满了各阶层的知识追求者，在四五间门面大的房间里，书架上

---

① 现地址为沈阳市和平区马路湾新华书店。
② 卢鸣谷：《东北新华书店在战斗中成长》，载于《书店工作史料》第一辑，新华书店总店1979 年版，第 225—226 页。
③《沈阳时报》当时由沈阳市军管会主办，1948 年 11 月 5 日创刊，是沈阳解放后正式出版的第一张报纸。同年 12 月 11 日终刊，人员并入东北日报社。

摆着从老解放区运来的大批书刊，读者可以随意翻阅和借读。这样全心全意为读者服务的书店，在国民党统治时期是不可能想象的。墙上的红布上写着'传播马克思、列宁主义、毛泽东思想'醒目的大字，这就是东北书店的光荣职责。……从早晨九点开始，下午五时休息，阅览室里一直拥挤着六七十人……"上面的这些报道，整体反映出书店重返沈阳后门市上的总体情况。为了提高书刊的发行水平，11 月上旬又在沈阳市内建立了第二、第三、第四门市部①。

1948 年年底，东北局机关、东北行政委员会、东北军区司令部、东北日报社等党政机关都将从哈尔滨迁往沈阳。此时东北书店总店也准备着向沈阳搬迁，关于总店迁往沈阳的具体日期至今没有找到准确的记载。据周保昌的文章记载："东北书店总店的编辑部在经理李文的带领下于 1948 年 12 月 21 日迁沈，但留守在哈尔滨的同志，正忙着总结 1948 年的工作，划分总店、分店的账目，筹备第三次分店经理会议。"这其中提到的"第三次分店经理会议"是 1949 年 1 月 15日至 24 日在哈尔滨召开的。卢鸣谷的回忆文章中说到总店迁沈的时间是 1949 年 1 月，并且在文章中提到了，关于沈阳马路湾门市附近，有一座五层的大楼②，楼内有几百个办公室和宿舍，后经东北局领导陈云和张学思的协调，将此处拨给东北书店使用这一情况。但对于两段文字进行分析，还是不能确定总店迁往沈阳的具体时间。周保昌在 1949 年 6 月 24 日第四次分店会议的总结报告中讲道："三次分店会议以后，总店的工作分在沈阳和哈尔滨两摊。所以这个时期的领导是分散的，这个分散一直到 4 月底才结束。主要原因是搬家。当时东北局

---

① 第二门市部地址为沈阳市沈河区中央路一段 51 号，第三门市部地址为沈阳市文化宫楼下，第四门市部地址为沈阳市铁西区兴顺街。第三门市部于 1949 年 6 月由于人员紧张撤销。（载于《中国新华书店发展大系·辽宁卷》，辽宁人民出版社 2017 年版，第 8 页。）
② 沈阳市和平区泰东大楼（今爱尔眼科使用）。

宣传部搬到沈阳来了，书店是属东宣部领导的，要完成东宣部指定的一定任务，所以书店也随着党委而迁至沈阳。但书店这个机构很大，尤其是工厂……正在印刷小学课本，不能停止。所以总店搬来了，但出版任务还在北满。"根据这段文字再参考前面的记录，再结合当时《东北日报》上所刊出广告，还有出现在东北书店出版物版权页上的地址，可以基本判断为：总店编辑部从哈尔滨迁入沈阳时间应为1948年12月底，从此时开始对外公布"东北书店总店"地址为沈阳马路湾。而总店机关全部进驻沈阳，且完全进行工作运转应该是1949年5月初。这个结构与1946年佳木斯对外称"总店"时，与哈尔滨之间的关系基本相似。1948年11月8日开始在沈阳陆续建立的门市部和阅览室，应归属为"沈阳分店"的工作范畴。

东北书店沈阳印刷厂是沈阳解放后，在唐家栋和石夫的带领下，接收原国民党文化服务社印刷厂和民报、凯旋杂志社印刷厂的机器设备，在沈阳市铁西区原伪满"新大陆印刷株式会社"旧址建立的。工厂从1949年1月开始运转并印刷书刊。4月，哈尔滨文具工厂和佳木斯印刷厂相继迁沈，与沈阳印刷厂以及沈阳铅笔工厂合并，于5月1日成立了东北书店印刷文具工厂，厂长由石夫担任，唐家栋与吕西良担任副厂长。合并后的工厂除印刷书刊外，还生产文具。截至1949年6月，工厂为东北书店印制书刊30余种。

第二章　反哺关内解放区

东北全境解放后，根据中共中央的战略部署，中国人民解放军东北野战军挥师入关，1948 年 11 月 29 日平津战役开始。1949 年 1 月初，中共中央宣传部电令东北局宣传部，要求东北书店立即派干部随军入关，协助中宣部和华北新华书店，接收平津两地原国民党的出版机构，并以此筹建新华书店。新华书店的历史应该溯源至 1937 年 4 月的延安，作为中共中央直属发行部门，其跟随中国共产党经历了抗日战争和解放战争，为宣传马列主义、毛泽东思想，以及中国共产党的方针政策贡献了巨大的力量。对于即将解放的北平和天津，在城内立即建立新华书店是十分必要的。能够将这样重要的任务交给东北书店协助完成，充分体现了中宣部对东北书店的认可与信任。

1949 年 1 月 12 日，东北局宣传部和东北书店派出以卢鸣谷和史修德带领的一支 30 余人的文化队伍，携带着 30 余万册书籍离开沈阳，乘火车经锦州、山海关、唐山，于 1 月 16 日晚到达天津的东郊。这时解放天津的战斗已经结束，市区内解放军战士们正在打扫战场。第二天上午，卢鸣谷等人进入了市区，原计划准备接收天津市内最大的原国民党正中书局，但由于书局大楼受到炮击，房屋已基本损毁。后经天津军管会主任、天津市委书记黄克诚的指示，将坐落在市中心罗斯福路（现和平路）的原国民党中国农民银行的大楼，交予东北书店人员在此处筹建新华书店门市部。

　　根据上级指示，对此时东北书店入关队伍重新进行了调整，天津的工作交由史修德负责，一部分工作人员留下开展建店工作，余下的十几个人在卢鸣谷的带领下，于 1 月 25 日离开天津，来到了北平东郊的通县，他们的任务是准备在北平解放后，立即在市内建立书店。当得知北平市委和军管会领导都在青龙桥[①]后，东北书店的工作人员第二天便到了青龙桥。卢鸣谷等人到来后，受到了北平市委宣传部领导的热情接待。1 月 28 日下午，卢鸣谷见到了北平市市长兼军管会主任叶剑英，详细汇报了随军入关的任务以及在天津筹建新华书店的情况，并送上了一部东北书店版《毛泽东选集》。叶剑英看后十分高

卢鸣谷和史修德向总店汇报北平和天津的工作情况，刊于《出版与发行》上

①青龙桥位于北京西郊，北平解放前夕，为中共北平市委驻地。

兴，并对这部东北解放区出版的精装《毛泽东选集》给予了高度的评价。之后，卢鸣谷又将几部《毛泽东选集》送给了北平市委的领导。1949 年 1 月 31 日，北平宣告和平解放。2 月 1 日上午，卢鸣谷等人随着军管会和北平市委的人员进入了北平城。

在 1949 年 3 月 15 日出版的东北书店店刊《出版与发行》中，卢鸣谷以"我们到了平津"为题，详细介绍了在北平筹建新华书店的情况。"经过批准，于 2 月 6 日接收了正中书局、独立出版社及其所属的两个印刷厂。正中书局的印刷厂，过去有一百多台机器，一千多名工人，被火烧后，现在还有五十多台机器，全部修好，比佳木斯、哈尔滨、沈阳的工厂不会太差"；"北平门市部是 10 号开市的。北平有十多个大学，一百四十多个中学，那些大中学的学生们，看到了我们的书特别高兴"；"《新民主主义论》半个钟头卖了三百多本，《毛泽东选集》一天卖了七八十本，我们门市部整天挤满了各阶层的读者"；"这里开设的阅览室，每天也拥挤着大批的读者，意见簿上给我们提供了许多宝贵的意见"。以上也是卢鸣谷向东北书店总店做出的情况汇报。

1949 年 2 月 10 日开业的北平新华书店门市部，地址位于北平王府井大街，这里也被誉为"共和国第一书店"，当时门市中销售的书刊基本上都是东北书店出版的，虽然新华书店和东北书店都是中国共产党领导下的出版机构，而此时新华书店的工作人员随党中央已撤离到了西柏坡，在北平真正将书店开起来的是来自东北解放区的东北书店。

初期北平新华书店门市的书刊销售量这么大，是一开始没有想到的，加之兴办阅览室，从沈阳带来的书刊出现了明显不足。为此，卢鸣谷多次向东北书店总店求援。总店方面向各分店发出通知，清理库存书刊全部运往北平，另外尽快将募集到的书一同发去，并且继续要求开展"向新解放区募书"活动，以保证北平门市和阅览室的运转。

天津的建店情况和北平近似，在史修德的带领下，天津新华书店门市部于1949年2月19日开业，开业6天销售书刊近3万册，和北平一样出现货源不足的问题。在总店向北平与天津两店发出20多吨书刊后，才解决了货源的问题。

东北书店在平津两地建立"新华书店"门市部中发挥了重要作用。这是中宣部对东北书店三年来工作成绩的肯定。在平津建立新华书店门市部以及接收国民党的出版机构和印刷厂，东北书店的工作人员对此具有一整套成熟的经验。这些经验都是在实践中总结出来的，可操作性极强。也可以说，平津两地的新华书店门市工作上，初期的一切工作方式方法都是东北书店模式的传承。从出版物角度看，平津两地解放初期销售的书刊，九成都是东北书店出版的。这些出版物就像东北野战军的战士一样，从东北大地走出来，在一个接着一个的胜利中，遍及大半个中国的土地。在平津两地建店的工作中，卢鸣谷起到了极大的推动作用，在他的回忆文章和官方的记录中，没有提到过为什么要选择他随军入关，但是他入关后所做的一切工作，积极地推进了平津两地新华书店的建立。卢鸣谷是在1946年4月的长春时期来到东北书店的，在书店的领导层中和总经理李文属同期到达。在转移到北满后，李文在佳木斯负责后方的书刊印刷出版，卢鸣谷在哈尔滨积极推进东北书店的具体工作，一切从零开始，兴办门市，拓展书刊销售渠道，扩大社会影响，通过努力为总店迁往哈尔滨打下了坚实的基础。他多次到分支店门市进行调研工作，将积累下的经验和有待于改进的不足成文发表在店刊中，使书店的门市工作得到了进一步发展。这种实事求是的工作态度，不畏困难的革命精神，应该就是选择他带队入关建立新华书店的主要原因。在平津两地的门市部正常运营后，1949年4月20日，卢鸣谷带着沈阳发来的10余万册书刊，从北平出发，经济南、徐州、蚌埠，于 24 日随军进入刚刚解放的南京，同华东新华书店的人员会合后，一同筹建南京新华书店。4 月 30 日南京新华书店门市部开业后，开始对南京市内原国民党的出版机构和印刷厂进行接收改建。1949 年 7 月，卢鸣谷被调到上海，担任华东新华书店的领导。在国内形势发生巨大变化的大半年时间里，卢鸣谷行程 4000 余公里，历经了平津、淮海、渡江这三次重大的战役，将东北书店的出版物从北方传播到南方，为新中国成立后在大城市中组建新华书店做出了重要的贡献。

前面所提到的"募书"情况，最早始于 1948 年 5 月，止于 1949 年 6 月，被统称为"为新解放区募集书刊运动"。这个运动在整个的解放区书刊发行历史上，是东北书店首创的，也是唯一被实践的。这次运动是东北书店反哺关内新解放区，为读者提供精神食粮的一次创举。1948 年 5 月 7 日开始，东北书店在《东北日报》上刊出《为新收复区读者征求书籍》启事，"最近新解放区日益扩大，新区急需文化食粮，本店曾尽微力运往大量书籍刊物，终因需要甚广而供不应求……本店特向各界征求书籍杂志"。启事发出后，到 7 月共募集书刊 11686 册，以东北局领导带头捐赠书刊，如陈云捐赠 100 册，黄克诚捐赠 170 册，刘亚楼捐赠 128 册……加之政府部门和学校也都参加进来，使得这个募书活动开展得极为顺利。初期的捐赠书刊是无偿的，为了能够募集到更多的书刊，在 1948 年 12 月 9 日的《东北日报》上，东北书店刊出了《为新解放区读者征求书籍办法》："一、各机关干部清理过去存有之书籍、刊物，如已阅过愿捐赠新收复区者，希望寄给我们，当负责转给新区学校的图书馆和群众团体等。二、如愿低价出售，本店愿出资收购，亦低价转售新区读者。三、如愿以旧书换新书，可将旧书送来，合成一定价格换取新书。四、除上列者外，极欢迎个人踊跃捐赠，以帮助新区读者解决读书困难。"这个办法公布后，截至 1948 年年底，个人捐赠书刊 23517 册，低价收购 27965 册。这些书刊不断地被送往新解放的北方各地，其中运往平津两地的书刊中就有一部分是募集到的。到 1949 年 5 月，东北书店总店再次将这个募书活动推向了高潮，提出为新解放区募书百万册的目标。其中哈尔滨分店的做法得到了总店的高度评价，哈尔滨分店组织宣传队，深入街道宣传，后来在市政府的支持下，组织秧歌队、吹奏乐队，出动彩车进行宣传，在一个月内哈尔滨分店共募集到书刊 21368 册。截至 6 月份，全东北共募集书刊 90109 册，这些书刊被运到了山海关以南的大城市中。1949 年 6 月东北书店总店转往新解放区图书的统计如下：

地　点	数　量
北平新华书店	17499 册
天津新华书店	22949 册
天津南开大学	1270 册
天津民教馆	1941 册
北平学生联合会	4950 册
开封中原大学	3448 册
延安大学图书馆	2670 册
南京新华书店	19371 册
武汉新华书店	1611 册
西安新华书店	1556 册
上海新华书店	12845 册

这些捐赠图书数字的背后，不仅体现了东北书店辉煌的工作成绩，也展现了东北解放区全体人民支援前方的热情。

第三章　战略布局新举措

一、锦州分店

锦州分店是东北书店总店最后建立的一个直属分店，成立日期是1948年12月10日。黄巨清作为锦州分店的筹建者和首任经理，是被总店从合江分店经理的位置调任的。锦州分店的建立，标志着东北解放区书刊发行网络的完全形成。

1948年11月28日，根据总店指示，黄巨清带领6名工作人员携带书刊从沈阳出发，准备到锦州建立分店。当时虽然战争已经结束，但根据东北野战军总部命令，几乎所有的交通工具都用于运送部队和装备，火车站无法解决用于运输书刊的火车问题。为了尽快地将书刊运达锦州，他们在沈阳市内雇到两辆胶轮马车，满载着书刊向锦州出发。从公路到乡村小道，一路坎坷到达阜新。当时阜新的公路已经全部被破坏，马车向前无法行进。最后经过与阜新火车站军代表的耐心沟通，对方终于同意利用运载大炮的平板车帮助运输书刊。12月4日到达锦州，在当地政府支持下找到了一处空房子。由于战争刚刚结束，锦州城满目疮痍。找到的这处房子内无家具、外无门窗，虽然这个房子只是一个"空壳"，但也算锦州市内保存较好的房子了。在这样艰苦的环境下，分店全体人员一起动手开始修缮房屋，并在室内用砖头和门板搭台子当柜台使用。12月10日在门口挂上"东北书店"

的招牌，代表着分店正式开业了。初期门市内的书刊销售情况很一般，战争对城市的破坏特别严重，大部分读者手头拮据，无法购买书刊，只能到书店中去阅读。等到销售量逐渐上去的时候，书刊的库存又出现了不足。为了解决锦州分店的货源与尽快地辐射周边建立支店等问题，在请示总店半个月后，书刊陆续被运到锦州。当时的总店已迁回沈阳，分店初期书刊的供应不足的问题也随之解决。

1949 年 1 月中旬，东北书店热东分店并入锦州分店。热东分店前身为热东人民报社①下属的热东人民书店，成立时间为 1948 年 1 月，地址设在建昌县②中街，后迁至热东地委所在地建昌县玲珑塔（又名二道湾子）。1948 年 3 月根据东北局指示改称为东北书店热东分店。未改称前的热东人民书店在报社的领导下，曾以"热东人民报社"的名义，编辑和出版书刊。为了将宣传中国共产党政策内容的出版物发行到敌占区，曾印刷制作一批"伪装本"传播到锦州、兴城等未解放的城市以及国民党的军队中，这批所谓的"伪装本"就是将中国共产党宣传时事的《目前形势与我们的任务》，以及《中国土地法大纲》等内容的书刊内页印制出来，以《评剧大观》为封面组合装订在一起。这些出版物对于瓦解敌军士气起到了很大作用。1948 年 11 月中旬，热东分店迁至锦州西大街建立门市。

合并后的锦州分店在锦西、绥中、兴城、建昌、义县、北票、羊山陆续建立起支店。

---

① 热东人民报社于 1947 年 5 月成立，受热东地委领导。

② 建昌县，现隶属于辽宁葫芦岛市。新中国成立前隶属热河省，1945 年 8 月 15 日后，中国共产党在建昌组建了凌源县，同年 10 月将凌源县分成建昌、建东、凌源三县。1946 年春，建昌被地主武装国民党保安队盘踞，1946 年 9 月 22 日被中国人民解放军冀察热辽军区解放。此时建昌、建东两县均属"十八地委"（热东地委）领导。1948 年 4 月 1 日，因革命形势发展的需要，撤销建东县，将其所属地区除十二德堡区划归喀左县外，其余全部并入建昌县。

在 1949 年春节，锦州分店工作人员秉承东北书店的老传统，组织开展了一次"书刊下乡"活动，将大量年画和农村读物发行到了解放不久且交通闭塞的农村。虽然锦州分店是直属分店中建立最晚的一个，并处在物资匮乏的环境中，但东北书店在书刊发行中的优良传统和可行性经验，足以使锦州分店的工作能够顺利地进行。

二、大连分店

关于东北书店大连分店具体的改称时间，是对大连分店整体研究中较为复杂的问题之一。现存的所有史志和前人回忆录中，都一致记载为"1949 年 4 月 1 日，大连大众书店改为东北书店分店"。这是因为 1949 年 4 月 1 日这天，中国共产党对外公开了大连的党组织，大众书店随之进行店名正式改称的缘故。按照这个记录来看，大连分店应该是东北书店地方性分店中改称最晚的一个分店，改称后的分店店名并没有按照惯例称作东北书店大连分店，而是独具特色地称作大连东北书店，这个店名是东北书店所有分店中唯一一个这样使用的。经分析，这个店名的使用应该与未改称前的大连大众书店所处的特殊地理位置和历史环境有关。

大连大众书店是由白全武与车长宽、刘汉、方牧、吴滨、吕广祥、金鑫、刘继远、车长敏、韩正善、宋浩等一批进步青年在 1945 年 8 月底筹备建立的[①]。当时的大连刚刚被苏军解放，按照苏联与国民党政权签订的《中苏友好同盟条约》规定："大连及旅顺地区由苏联政府驻军管理三十年"，在这种所谓的地方自治下，书店的名字前清晰标注出大连的字样，是完全符合苏军管理要求的。当时中国共产党已暗中同苏联方面达成共识，中国共产党的党组织可以在大连活动。

---

① 葛广玉：《大连地区党领导下的大众书店》，载于《东北革命文化史料选编》，第 321 页。

同年 10 月，苏方联系中共中央东北局，支持中共在大连成立市委，委派市委书记、副市长。这样一来，大众书店很快就接受了大连市党委的领导，白全武、车长宽等人也相继加入了中国共产党，书店也就成为中国共产党在大连的宣传阵地。书店成立之初，是由车长宽的哥哥车升五在西岗长生街 13 号，使用原兴东洋行的三间房子作为筹备处销售图书。印刷书刊主要是依靠大连市内的私营印刷厂①完成，遇到急需使用的时事宣传材料时则采取刻蜡板油印。

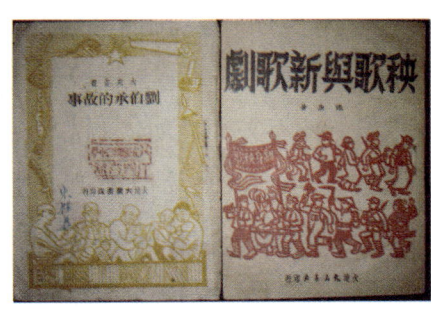

大连大众书店
出版的书刊

后来在旅大市委领导韩光②的帮助下，利用中苏友好协会的名义，书店接收了大连天津街上日本人开办的原大阪屋号书店和鲇川洋行纸店，作为大众书店的文具用品门市部和书店门市部，又将现二七广场南侧的"日清印刷厂"改名为"大连大众印刷厂"。至 1945 年年底，大连大众书店自行印刷出版书刊已经开始面世发行。大众书店的编辑部成立于 1947 年 4 月，在此之前书店的出版物基本都是翻印书刊，逐渐地书店开始出版介绍大连当地的政治形势和国内时事类书刊。

---

①1945 年至 1947 年，大连大众书店的书刊曾在大连市内的"职工印刷厂""启化印刷厂""中国印刷厂""民生印刷局""大华印书馆""文艺印书局""福兴印刷厂""新生时报社""共同印务局""建业印刷厂""永丰印刷厂""大连日报印刷厂"印刷过。
②韩光（1912—2008）：黑龙江省齐齐哈尔人，1930 年加入共青团，1931 年转入中国共产党。20 世纪 30 年代初，任共青团北满特委书记、省委秘书长、东北工作委员会副书记。1945 年 10 月，受中共中央东北局派遣到大连建立党政组织，任中共大连市委书记兼大连市警察总局（后大连公安总局）政委。

在大众书店的书刊出版史上，1946年4月大连大众书店以1944年晋察冀日报社的《毛泽东选集》为基础，翻印出版的东北解放区第一部《毛泽东选集》可谓光辉一页。这项重大的出版任务是由时任大众书店党支部书记的柳青①负责编辑的，在这部《毛泽东选集》出版前，大众书店曾翻印过一些毛泽东的著作。为了让解放区的读者能够更好地学习到毛泽东全部著作，在当时的大连出版这部《毛泽东选集》意义非常重大。在《毛泽东选集》编辑的过程中，在1944年版本的基础上增加了《论联合政府》《答路透社记者十二项问题》《共产党人发刊词》这三篇文章，还将《湖南农民运动考察报告》和《中国共产党红军第四军第九次代表大会决议案》两篇文章作为附录收入，全书共计31篇文章，900页。1946年4月以五卷单行本的形式初版发行，6月又再版一次②，1946年8月将五卷本合订精装出版。

在精装本的装帧上，利用红布糊制精装封面③，封面的书名和出版者以及书脊、封底均烫上金字。该精装版本在1947年2月再版，1947年11月三版，三个版次的精装《毛泽东选集》共印刷出版10500册。大连大众版《毛泽东选集》虽然在制作过程中的用纸、印刷质量和校对方面都较为粗糙，但是这部书的出版在东北解放区早期传播毛泽东思想方面做出了重大的贡献。1947年年初，从解放区到大连的干部向书店工作人员讲述了艰苦生活情况，为了表达对领袖的敬意，书店委托前往中央驻地的同志送给毛泽东主席一部大连大众书店出版的《毛泽东选集》、一本地图册和一支派克金笔，送给朱德司令员一块怀表和

---

① 柳青（1916—1978），原名刘蕴华，陕西省吴堡县人。当代著名小说家。他早年从事革命活动，1928年加入中国共产主义青年团，1936年加入中国共产党，1938年奔赴延安。抗战胜利后，任大连大众书店主编。

② 大连大众书店出版的《毛泽东选集》五卷单行本的版权页上标注为：1946年4月初版，1946年6月再版。至今未发现1946年4月的单行本。

③ 1947年2月的再版本用棕色漆布制作精装封面。

一本地图册。1947 年 11 月 23 日，毛泽东给书店回信："大连大众书店、大众书店同人自治会、大众印刷厂全体职工同志们：你们送来的书及钢笔、表均收到。谢谢你们的好意，并致同志的敬礼。"这封回信更加激励了书店全体人员的工作热情。以上的这些记录在很多史志和回忆文章中多次出现，但其中送出的"地图册"的问题上，引发出值得考证的一个问题。因为自 1945 年 8 月以后，大连地区就两家出版机构印制过精装本地图册。一个是大连大众书店 1948 年 7 月出版的《中国分省图》；另一个是大连地区新生印刷厂 1948 年 6 月出版的《中国分省精图》，很显然记录中送出的地图册的时间都早于这两部书的出版时间，似乎可以证明赠予的地图册不是这两种版本。时任大连大众书店党支部书记的徐澄波在《我在大众书店的三年》中的表述为："正好书店出版了一份精美的全国分省地图，就托人

大连大众书店出版的《中国分省图》

大连新生印刷厂印制的《中国分省精图》

给毛主席带去一只钢笔，一本地图册……"根据这个回忆说明地图册是大连大众书店出版的，而不是特制的。而毛泽东为大连大众书店的回信中的时间只显示出 11 月 23 日，那么是否可以推断这个年份应该是 1948 年。由于没有更多的资料参考，这也只能是一个推断。

　　在图书的销售方面，书店的门市不仅销售本版书，而且还与大连市

内的其他出版机构以及辽东建国书社、光华书店、山东新华书店等多家出版机构建立联系，经销外版书刊，此举不但促进了各地的文化交流，也极大地满足了大连地区读者日益增长的读书要求。1947年冬，利用苏联货轮往来于朝鲜的机会，将大批书刊经朝鲜转运到哈尔滨销售。

自大连大众书店建店以来，曾多次翻印其他出版社的书刊，其中也包括曾多次翻印东北书店1946年年底到1948年的出版物。这个问题的研究至今仍属空白，本书是首次提出。至于到底翻印了东北书店多少个种类的书刊，现在还很难说清，至今发现的"翻印本"有20余种。这些翻印本的特点为，翻印本与原书的封面设计基本相同，内页页码或有差异，但整体来看与东北书店的出版物很难进行分辨。在没有标注的情况下，如何认定这些书就是大连大众书店翻印的呢？其实这个问题也是发现这些翻印本的源头。以1946年11月佳木斯印刷的《民间艺术和艺人》这本书为例，初次看到和这个版本相近的另一

大连大众书店翻印的东北书店书刊

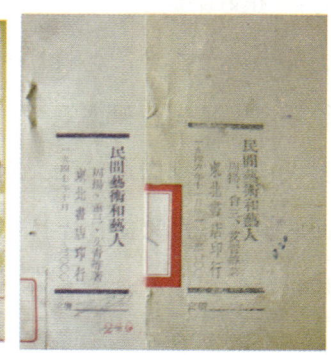

原版与翻印本《民间艺术与艺人》封面与版权比对

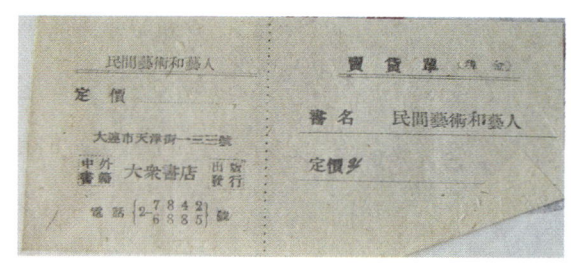

大连大众书店销售标签

版本 1947 年 10 月翻印的《民间艺术和艺人》时，除了封面标注的日期外，基本上差异不大，但认真比对却发现存在很多细节上的不同。最重要的就是用纸的不同，东北书店的出版物用纸基本上都是石岘造纸厂供应的，不可能一个时期的出版物使用完全不同的两种纸；再者是所用铅字字体的不同，无论内页文字还是封面封底的用字都有区别。还有一个线索就是，这两本其中一本的书后粘贴有大连大众书店销售标签，这个标签是大连大众书店销售出版物的基本特点。根据这个线索，将这本书与大连大众书店的出版物比对，发现无论用纸还是铅字字体都完全一样。这时就已经能够确定，这本粘有标签的出版物一定和大连大众书店有关，继续以纸张和铅字为主线，就发现了这批与东北书店原版书混杂在一起的翻印本了。综合来看，这批翻印本较东北书店原本除纸张和字体有区别外，"东北书店"这几个字草书体的制版以及封底标志都有区别，更为意想不到的发现是，这批翻印本

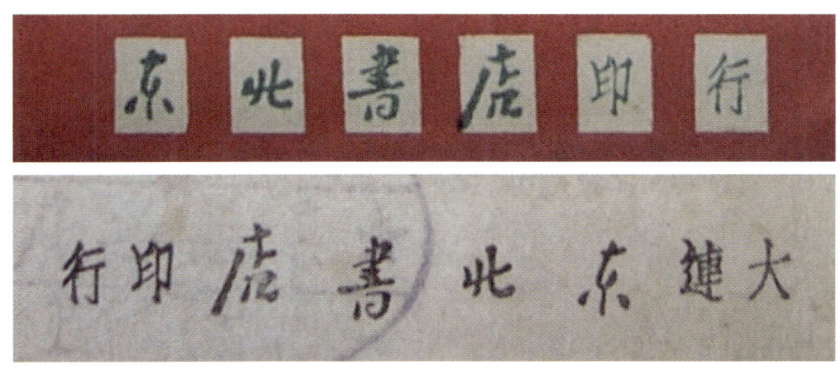

翻印本封面使用的"东北书店"字体与"大连东北书店"使用字体比对

大连大众书店
"创业三年纪
念册"

封面所使用的手写体"东北书店"四个字与改称后的大连东北书店封面字体相同。说到这里，可能又会出现下一个疑问，这些书能否是东北书店委托大连大众书店印制，并在大连地区发行的？这个可能性是有的。大连大众书店副经理徐澄波的回忆文章中，曾经提到过大众书店原样翻印书刊的情况，在现存的《现中国的两种社会》一个版本中，出现了封面、封底为东北书店明显标注，而书内却出现"大众书店发行""永丰印刷厂印制"为内容的版权页。这本特殊出版物完全可以证明"大连本地翻印"这一说法。所以对此可以综合地分析认定出，无论此时两个书店是否有联系，这些翻印本都是大连大众书店印刷的是没问题的。根据东北全境解放前的形势看，战争时期大连大众书店和东北书店是被隔绝的，相互间的联系大多也是通过绕道朝鲜才能接触上的，大连大众书店的书刊运到北满或是需要相互的沟通，都是在大连乘坐苏联的货轮绕海路到朝鲜最后再利用火车到达哈尔滨。所以这批翻印本的原样，能够到达大连也不是一件容易的事，关于翻印什么书，在内容上应该是经过严格甄选的，这些翻印本在内容上，为大连大众书店的出版物起到了有效的补充作用。其中，翻印1946年出版的《杨靖宇和抗联第一路军》《群众工作手册》（一）这两本书，就是东北书店出版物中具有代表性的原创书刊。在大连进行翻印能够弥补大连大众书店出版书刊种类及内容上的不足。

以上对于大连大众书店翻印东北书店出版物的问题研究，基本上都是以实物为基础去判断的。由于没有相关的史料记载，对这个问题的研究，仍存在相当大的难度，亟待深度挖掘。

大连翻印书刊目录			
序号	书 名	作 者	标注时间
1	群众工作手册（一）	东北书店 编印	1946 年 8 月
2	杨靖宇和抗联第一路军	纪云龙	1946 年 11 月
3	思想方法论	解放社	1947 年 5 月
4	八路军的英雄与模范（第一辑）	第十八集团军总政治部宣传部	1947 年 10 月
5	从"七七"到"八一五"		1947 年 10 月
6	民间艺术和艺人	周扬 萧三 艾青等	1947 年 10 月
7	东北蒋占区真相	东北日报社编	1947 年 10 月
8	蒋管区真相（第一集）	东北日报社编	1947 年 10 月
9	蒋管区真相（第二集）	东北日报社编	1947 年 10 月
10	解放区独幕剧选（第一集）	舒非编	1947 年 11 月
11	中国解放区的妇女翻身运动		1947 年 11 月
12	新闻工作手册		1947 年 11 月
13	中国近代政治简史	军大总校政治部编	1948 年 3 月
14	目前的教育指针（第一辑）	东北行政委员会教育委员会	1948 年 4 月
15	蒋管区真相（第三集）	东北日报社编	1948 年 4 月
16	通讯员手册（第一辑）	东北日报通讯采访部编	1948 年 8 月
17	现中国的两种社会	军大总校政治部编	1948 年 9 月
18	海内奇谈	马凡陀等	1948 年 9 月
19	九一八以来中国名歌选	直友编	无出版时间
20	政治常识讲话		无出版时间
21	政治常识学习提纲		无出版时间

在 1949 年 4 月 1 日这个分店改称日期的问题上，经过对大连东北书店的出版物进行查阅发现，有 3 本出版者标注为大连东北书店的书，版权页的时间标注都是 1949 年 3 月，而且在一本 1948 年 12 月 1 日出版的《简明中俄会话》版权页上，印刷者赫然标出了大连东北书店印刷厂旅顺分厂，这个发现确实很意外。对于这几个特殊问题几经查找资料都没有答案。但根据实物证明，大连东北书店的名称绝对不是 1949 年 4 月 1 日才开始的。到底这个名称是什么时间开始的，为什么所有的史料都将改称时间确定为 1949 年 4 月 1 日，下面做一下推断性的分析和假设。首先要确定的就是地方性分店的改称问题。

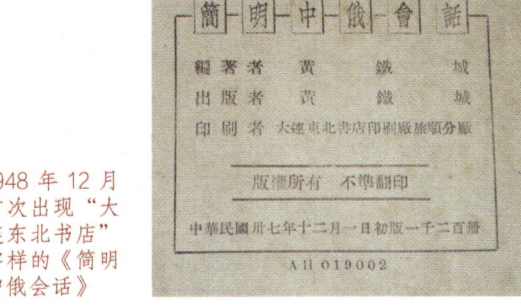

1948 年 12 月首次出现"大连东北书店"字样的《简明中俄会话》

1948 年 1 月中共中央东北局宣传部作出了解放区内地方党委领导下的书店必须改为"东北书店 ×× 分店或支店"的指示。

1948 年 11 月 2 日，辽沈战役结束后，东北全境解放，当时的大连也就随之与整个东北解放区连接起来了。当时的大连大众书店已经在中共大连市委的领导下，也就应该对书店进行改称。所以在 1948 年 11 月的中下旬，大连大众书店的内部应该接到东北局宣传部的这个指示，并且当时已经酝酿改称为大连东北书店，据此，决定首先将大众印刷厂进行改称，这也就出现了《简明中俄会话》这本书版权页所显示出的信息。那么为什么书店的名称没有一起改呢？这是第二个要分析的问题，即大连的特殊性问题。1945 年 8 月 22 日，苏联军队根据与中国国民党政府签订的《中苏友好同盟条约》进驻旅大地区，实施地区性自治。在苏军的支持下大连逐渐地成为由苏军军管、中国共产党领导的特殊解放区。虽说 1948 年 11 月东北全境已经解放，但是国民党政权还在，与苏联签订的条约还有国际效力，中国共产党当时的地位还是革命党。如果在 1948 年 11 月公开大连的中共党组织，苏联政府在国际上属严重违约行为，而东北书店作为东北局领导下的书店，如果此时对于大连大众书店改称，也就代表着中国共产党的宣传机构进驻大连，这样会给苏军造成政治上的麻烦。印刷厂改称是内部行为，而书店门市改换招牌却是公众性的问题。

当 1949 年 4 月 1 日大连对外公开中国共产党党组织时，全国的战略形势已经发生了巨大的变化，三大战役已经结束，长江以北地区已经全部解放，苏联政府也已经公开支持中国共产党了。这时中国共产党在大连开设书店已经不是什么问题了。最后要说到的就是 1949 年 3 月的大连东北书店出版物问题。一方面在对大连大众书店的出版物进行查阅后发现，冠以"大连大众书店"字样的出版物出版时间截至 1949 年的 2 月；另一方面，也就是从 1948 年 11 月中旬开始，已经将大连东北书店这个店名定下来，确定以此店名开始印刷书刊，即开始于 1949 年的 3 月。通过这些推断分析，就可以将前面所涉及的问题一一解答出来了。由于至今没有关于这个问题历史记录和回忆文章，也只能以时局变化加之特殊出版物的实物进行合理性推断。

大连东北书店自 1949 年 3 月开始印刷出版书刊，截至 1949 年 6 月，至今发现出版物 35 种，这些出版物都继承了大连大众书店出版物的编辑与封面设计风格。其中出版版次和印刷数量最多的图书是《中国共产党党章》，共 5 次再版，1949 年 3 月印制的一个版本采取精装装帧，封面凸显出毛泽东头像的浮雕极为精美。另外由旅大妇联总会编辑的一套丛书，虽然封面标注为"发行"，但也是由书店印刷厂印制的。这套书具体编辑多少本尚不明确，至今发现 4 种，其中《波波瓦报告——国际妇女大会总结》这本书只印刷 500 册，成了东北书店所有出版物中印刷数量最少的一本书。

当 1949 年 7 月东北解放区内所有东北书店均改称为东北新华书店时，大连东北书店却改称为大连新华书店。虽然在关系上隶属于东北新华书店，而名称上仍体现出其独特的地域特征。

第四章 融合发展促完善

　　1949 年 1 月，东北书店总店初步迁往沈阳后，在东北全境解放的大环境下，东北书店已经发展成为拥有 14 处分店、154 处支店、3 个大型印刷厂（佳木斯、哈尔滨、长春）、1100 余员工的大型出版发行机构。此时，如何加强整体性管理、提高业务水平，如何能够更好地宣传中国共产党的政策和理论，如何服务好东北解放区的读者，这些成为东北书店所要面对的重大问题。东北书店的总经理李文于 1949 年 1 月 24 日在哈尔滨闭幕的东北书店第三次分店会议的总结中，就对东北书店 1949 年的工作做出了初步的计划。其中首要任务就是统一机构建立制度，也就是解决内部的整顿问题。这个问题主要针对的是在建立东北解放区整体书刊出版发行网络的大前提下，如何加强分店管理的问题。以往东北书店的分店是按照直属分店和地方性分店组成的。其中的地方性分店业务上归总店领导，但人员配备、财物管理归地方党委，这样地方性分店在工作中就多次出现了人员配备不合理、书刊乱加价、书店内管理混乱等现象。

　　东北全境解放后，东北局宣传部指示：解放区内各地书店要尽快完成改称，取消以往直属分店和地方性分店的管理模式，所有分店内的人员、业务和财物统一归总店管理。此时对于所有分店进行整顿和建章立制意义重大。李文提出，分店在总店的领导下，要树立整体观念，健全组织机构。为了防止思想偏向，要努力加强思想上的学习提

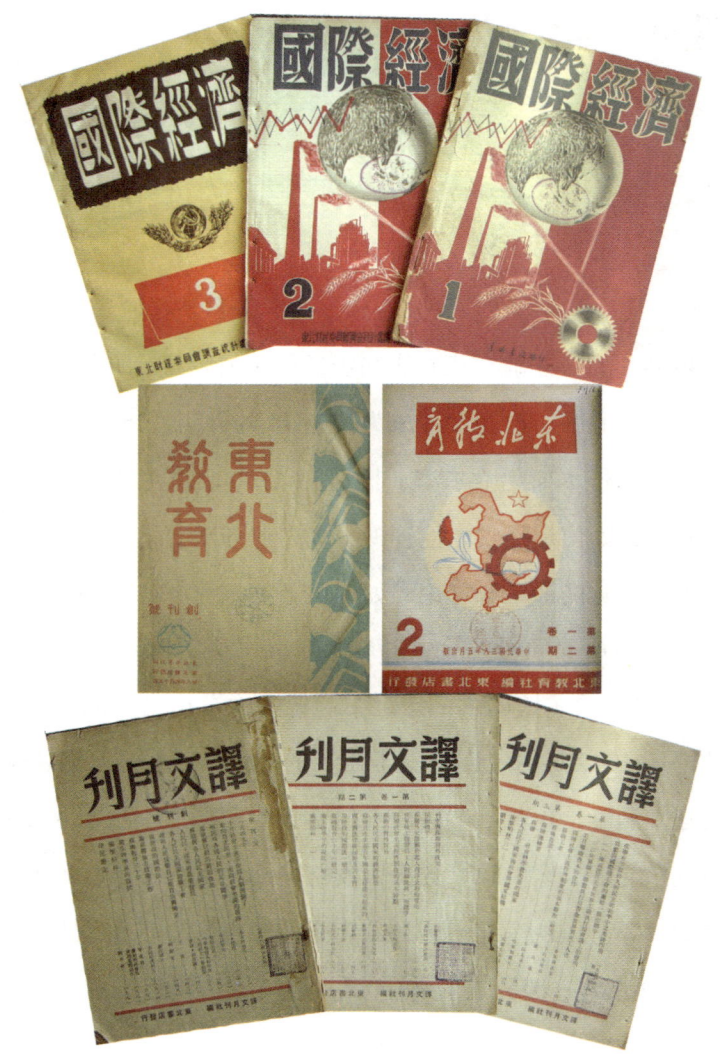

1949 年总店迁沈阳后创刊的杂志

高，接受地方党委宣传部的领导，工作中应该统一行动，要围绕总店指示去开展一切工作。经济上要统筹统支，实行决算制度、任务制度、码洋制度，转变以往对于经济问题的看法，正确认识工作任务，加强统一观点，免去不必要的消耗和浪费。

以上的这些内容，应该列为这次会议的主旨精神。其中"经济上要统筹统支"也是东北全境解放后东北书店最为迫切要解决的一个问题。在随后的工作中，这个以往曾困扰工作发展的经济问题，在总店的统筹统支下得到了重大改变。这次召开的会议，可以说是东北全境解放以后总店对于各分店统一思想、加强领导最为重要的一次会议。

总店迁回沈阳后，在加强对分店、支店的管理上下功夫的同时，系统制定书刊出版发行计划更是尤为重要。由于以往出版上计划性差，导致书店经济入不敷出。自1948年1月，书店归东北局宣传部领导以后，书店按企业进行管理，当时纸张价格变化较大，随之而来的书刊定价不固定，导致很多读者反映书价高，出现了书刊滞销的问题。再有由于缺乏统一的出版计划，个别书刊总店出版后，销量很一般，而分店又继续再版，这样一来，造成了很多书刊的积压问题。还有就是书刊出版数量计划性差，需求量较大的政治理论书刊出版数量不足，文艺类书刊库存过剩，等等。

1949年3月，总店在全面研究后，制定出《东北书店1949年出版发行计划》（简称"计划"），将有计划按照各种不同程度对象编译出版马列主义理论著作与党的政策及社会科学、国际国内政治时事教育学习书刊，出版经济建设类书刊，作为指导方针和任务。具体计划为：（一）出版教科书，约为全年出版总量的二分之一；（二）出版定期刊物，约为全年总出版量的十分之二；（三）出版书籍，全年出版量的十分之三；预计印刷全年用纸量1800吨。在计划制定后，新的一批期刊创刊于沈阳，其中包括《国际经济》《译文月刊》《东北教育》。

在发行方面具体为：（一）要合理与深入，有计划有对象地主动发行，了解读者反映，创造发行方法，结合实际运动协助文教事业发展，总店分店间合理调剂，出版与发行紧密结合，防止积压，加强业务学习，促进业务发展。（二）提高周转率，掌握时间性，使资金流转灵活，杂志周转率力求两个月完成，课本发行一个月内完成，搜集材料加强周转性研究，制定具体办法。（三）统筹统支，统一机构增强工作效率，完善各项发行制度。（四）培养干部，开办业务培训班。（五）执行制度，总结经验，提高业务水平。（六）扩大服务工作，办好图书借阅，开设阅览室，为新解放区募书，帮助农村建立小型图书馆。这项计划公布以后，总店开始了具体工作的落实。

副经理周保昌在 1949 年 4 月针对发行计划中所提到的问题，发表了两篇研究文章，经总店研究后下发到各发行机关与分店进行学习。这两篇文章分别是《关于深入与合理的研究——兼论发行工作的主动性、计划性、时间性》与《关于加速经济周转率与发行周转率的初步研究——对目前进货、造货与发货的意见》。这两篇文章也成为对发行计划的全面且具有指导性的详细解释。

整章建制以后另一件值得关注的就是开办业务培训班的举措。在东北全境还未解放时，东北书店总店在哈尔滨时期就已经开始在工作人员中进行时事教育，并且为了提高业务水平，还定期进行业务测试。但这次的培训不同于以往，这是东北书店第一期出版发行业务训练班。从 1949 年 3 月 20 日开始，为期一个半月，每周 24 小时，共144 小时。此次培训是由东北书店与光华书店联办的，学员共 50 人，其中东北书店 35 人，光华书店 15 人。教育内容分为业务、政治思想、文化三个部分。授课教师主要由两店的领导担任，包括李文、邵公文、卜明、纪云龙、李一黎、刘力子、王璟等，这次培训班也为东北书店的员工教育建立了一个良好的开端。

在对东北书店员工录用方面，从 1945 年建店到 1948 年年底这段时间，一般采取的主要是上级党委派遣、地方党委推荐、毕业学生分配这几种方法，而在相关的技术人员方面，一般都是留用接收后的工厂内原有职工。当总店迁至沈阳后，书店内部业务增加，人员也需要不断补充。1949 年 5 月 12 日，总店行政会议讨论通过了《东北书店人员任用办事细则草案》，共 5 章 19 条，并于当日下发施行，这也为书店建立人事制度打下了坚实的基础。结合业务发展的需要，总店对机构设置与领导安排进行一定的调整。具体为：

职　务	姓　名
总经理	李　文
第一副经理（兼审计部主任）	卜　明
第二副经理（兼发行部主任）	周保昌
编辑部主任	李一黎
编辑科科长	余崇文
《翻身乐》副主编	徐今明
《知识》副主编	纪云龙
出版部主任	王大任
出版科科长	黄洪年
哈尔滨印刷厂厂长	王居瑶
长春印刷厂厂长	林德光
沈阳印刷厂厂长	石　夫
副厂长	吕西良、唐家栋
发行部副主任	程刚枫
秘书处主任	王　璟

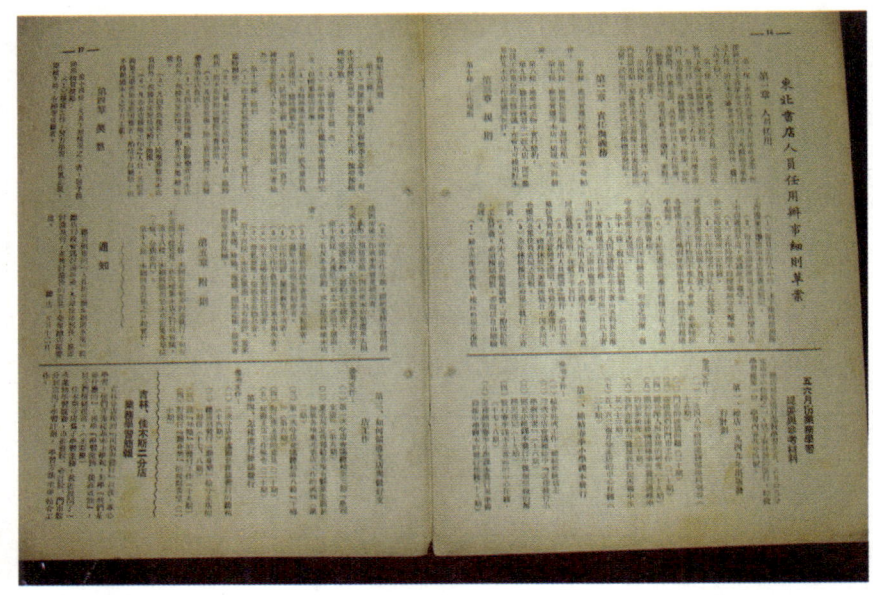

《东北书店人员任用办事细则草案》

　　总店于 1949 年 5 月初完成了由哈尔滨全面迁入沈阳的工作，当时大批的干部由北满调入沈阳总店。6 月 15 日在沈阳召开了东北书店第四次分店会议。这次会议是在迎接全国胜利前夕，面临全国新华书店统一，也就是在即将由"东北书店"改称"东北新华书店"的形势下召开的。从准备到开会历时一个月的时间，共有 15 个分店 39 人参加会议，同时还吸收了抚顺、鞍山、本溪、辽阳、通化、铁岭、新民 7 个城镇支店参会，人数合计达 56 人。这次会议的主题主要围绕"如何把党的七届二中全会精神，东北局宣传部关于发行工作的方针，同东北的实际情况结合起来"。会前李文以"迎接第四次分支店会议"为题，重点指出，"正处在我党的工作重心由乡村转变到城市的时候，就要求我们的发行工作也要转变过去的方式……"，会上由第一副经理卜明做了《关于分店业务问题》的报告，副经理周保昌以"关于半年来的工作情况与今后如何转变及任务"为题，详细总结情况并提出下一步工作目标。之后会议代表就"城市发行工作""整体观念和认识""中小学教科书和杂志的发行问题""分店人员工薪问题"进行讨论。会议为期 10 天。

这次会议是东北书店总店在沈阳召开的第一次大型会议，也是改称东北新华书店前，以东北书店名义召开的最后一次大型会议。

尾声　弦歌不辍　书香致远

1949 年 6 月 6 日，东北书店总店向各分支店下发了将东北书店改为东北新华书店的通知：

为统一党的书店名称，由总店经中共中央东北局宣传部向中共中央宣传部请示，改东北书店为东北新华书店，业经中宣部批准，决定自中国共产党诞生二十八周年纪念日七月一日起，各地分支店一律改为东北新华书店 ×× 分（支）店，希各地接此通知后，立即做如下之准备工作：

一、各地分（支）店门面招牌一律于七月一日起悬挂新华书店字样，式样大小及标准字体，统一由沈阳总店发给，颜色一律用红底金黄字，如党旗之红底金黄镰刀锤头一样。

二、各分支店所用之图章，一律由沈阳总店制出统一式样，发给各地自刻。

三、所用信笺及印刷单据发票等，原存尚未使用完者，仍可应用。新印制时一律改为东北新华书店 ×× 分（支）店字样。

四、原以东北书店名义与各方面往来之契约单据往来关系等，仍为有效，自七一改名后，一律改用东北新华书店××分（支）店对外接洽，并需盖具负责人印章。

五、自七一至七七优待读者一星期，本版八折，外版九折。各地门市部布置一新，悬挂毛主席、朱德司令员像，热烈庆祝党的二十八周年。

这次我们改为东北新华书店不仅是名称上的改变，更重要的意义是全国胜利的形势下，全国党的出版发行统一团结，在我们的工作作风上，要做到整齐严肃紧张活泼，使工作有新的转变。

这份通知下发后的 1949 年 7 月 1 日，"东北书店"在东北局宣传部领导下，在东北解放区创立一个又一个奇迹的集体，东北解放区内最大的书刊编辑、印刷、出版、发行单位，成为一个历史的词汇。矢志不渝，弦歌不辍，改称后的东北新华书店秉承着东北解放区出版工作者的革命出版精神，由东北解放区迈向了新中国，使书香飘得更远。

通过上面这个"改称"通知，就可以清楚地理解东北书店和东北新华书店的关系。简单地说，东北书店是东北解放战争时期，由中共中央东北局宣传部领导的地方性出版发行机构，在全国革命将要取得全面胜利时，归属到中共中央宣传部的统一领导下，这两个机构在时间上是传承关系。

当东北书店改称为东北新华书店的同时，东北书店长春印刷厂改称为东北新华书店印刷厂。东北书店沈阳印刷厂改称为东北新华书店印刷文具厂。

1950 年 3 月，东北新华书店改为新华书店东北总分店，李文任总经理，下设编辑、出版、发行、审计四个部门，此时印刷厂与书店分离。

1950 年 10 月 28 日，出版总署做出了《关于国营书刊出版、印刷、发行企业分工专业化与调整公私关系的决定》，新华书店东北总分店只负责书刊发行销售工作，业务上由新华书店总店领导。

1951 年 2 月 2 日，以新华书店东北总分店编辑部和出版部为基础成立东北人民出版社，毛星、李一黎先后任社长和总编辑。

1954 年 8 月，东北行政区撤销，原辽东通俗出版社并入东北人民出版社。9 月 1 日，改称辽宁人民出版社。

新中国成立以后，东北新华书店根据国家政策及行政区域的调整，整体上发生一系列的裂变，将原有的内部机构有步骤地细化分离出来，形成了东北地区书刊的印刷、编辑出版、发行三大行业，这样的改变有利于每个部门的发展壮大。由东北新华书店逐步演变而来的沈阳与长春的新华印刷厂、东北地区的新华书店以及辽宁人民出版社秉承前人艰苦创业的精神，为新中国的文化事业做出了不可磨灭的贡献。

1945/1949

关于“东北书店出版书目”

　　东北书店出版书刊目录的整理，主要是根据四个方面的来源完成的。第一，以笔者收藏的东北书店出版物为基础。第二，利用国家图书馆收录东北书店书刊目录进行检索比对。第三，查找1946年至1949年出版的《东北日报》，将报纸上刊出的有关东北书店“新书广告”进行筛选，并参考1949年9月东北新华书店出版的《图书目录》内容。第四，对于网络上销售的东北书店出版书刊，进行查找甄别。通过以上这些方法，最终汇集出这份出版书目。

　　书目的分类以印刷地点为界定，按时间顺序排列。这样的排序，具备绝对的真实性、客观性、实物性，也就是说，其中的每一条书目信息，都能与出版书刊实物相对应，从而保证这份目录的可信度。每一条书目记载所对应的书刊，必须冠以“东北书店”出版、印行或是发行字样，这也足以证明这些记录中的书刊，都是由东北书店编辑出版或由东北书店印刷厂所印刷。

　　在查阅《东北日报》广告的过程中，多次发现其中夹杂有东北日报社、东北画报社的出版物和个别东北解放区外版书的记录。混杂在一起刊出“新书广告”，主要是这些出版机构委托东北书店门市销售的原因，所以在整理目录时将这些书目剔除出去。再有笔者收藏的东北书店出版物中，封面或是封底标注有“东北书店出版、印行”字样，但是书内没有版权页。其中一部分只能通过结合“新书广告”去进行出版时间的推测，对此只能做出个人的判断，这些书刊在书目的出版时间中加入"＊"进行标注，但仍有一部分无法考证。最后，还有三部分书刊没有收入其中。其一是见于《东北日报》广告中，由于至今未见实物，所以以谨慎的态度没有收录。其二是一些分店的出版物，由于没有相关记录，整理之外一定还有遗漏。第三部分就是书刊出版的版次方面，如个别同名书刊初版和三版都已记录，但唯独再版至今未见实物，所以不敢妄加判断出版时间，以及个别丛书出版方面，仍有未见实物的现象，对此秉承客观性原则未予收录。这部分图书应该已经出版，但根据发行对象或是库存原因，可能出现了大量的损毁，导致至今未见实物。

综上，这份东北书店出版书目在整理过程中，仍存在局限性和不完整性，但是现整理出的每一条记录可称为言之凿凿，具备较强的原则性。希望在今后的研究道路上，争取去发现更多未收录的书刊实物，到时能够为这份书目打上圆满的补丁。

早期出版物

序号	书名	作者	出版时间	版次	备注
1	中共宣言与双十协定		1946.3		
2	中苏友好条约		1946.3		
3	政治协商会议文献		1946.3		封面书名印刷分为红色和绿色两种
4	评"中国之命运"	陈伯达	1946.3		
5	东北问题指南		1946.3		
6	社会科学常识（1）什么是共产主义		1946.3		
7	社会科学常识（2）怎样认识历史和时代		1946.3		
8	社会科学常识（3）答复对共产主义的误解		1946.4		内标注1946.3
9	东北问题（第一集）		1946.4		
10	东北问题（第二集）东北抗日联军十四年苦斗简史		1946.4		
11	东北问题		1946.4		内容与东北问题（第一集）相同
12	东北抗日联军史略	关寄晨	1946.4		
13	中学活页国文选（第一册）		1946.4		
14	中学活页国文选（第二册）		1946.4		
15	中学活页国文选（第三册）		1946.4		
16	反对法西斯		1946.5		
17	国共两党抗战成绩比较		1946.5		
18	抗战十四年史		无版权		
19	东北现势与中共对东北问题的主张		无版权		

佳木斯印刷出版物（1946 年）

序号	书名	作者	出版时间	版次	备注
1	社会发展史略		1946.8*	无版权	
2	新人生观	俞铭璜	1946.8*	无版权	
3	政治经济学	薛暮桥	1946.8*	无版权	
4	论解放区战场	朱　德	1946.8*	无版权	
5	从"九一八"到"七七"		1946.8*	无版权	
6	列宁的故事	左琴科 著 曹靖华 译	1946.8*	无版权	
7	文件	班台莱耶夫 著 夏懿 译	1946.8*	无版权	
8	大众歌曲		1946.8*	无版权	
9	国民党与共产党		1946.8*	无版权	
10	群众工作手册（一）	东北书店 编	1946.8		内页标注： 1946.7
11	思想方法论	艾思奇	1946.8		青年自 学丛书
12	大众哲学	艾思奇	1946.8		
13	社会科学概论（增订本）	社会科学研究会	1946.8		
14	汉奸刽子手曾国藩的一生	范文澜	1946.8		
15	鼓风机旁四十年	伊凡·柯鲁包夫著 曼斯 译	1946.8		
16	腐蚀	茅盾	1946.8		
17	李勇大摆地雷阵	邵子南	1946.8		
18	延安归来	黄炎培	1946.9		内页标注： 1946.3
19	全解放区人民动员起来 粉碎蒋介石的进攻	东北书店 编	1946.9		时论特辑
20	解答一个疑问	高崇民	1946.9		
21	从江南到东北 （两个国民党下级军官的日记）	时事研究会	1946.9	翻印	
22	荷花淀	孙犁 等	1946.9		
23	晴天	王力	1946.9		

序号	书名	作者	出版时间	版次	备注
24	鲁迅小说选		1946.9		内页标注：1946.8
25	一天的工作	茅盾	1946.9		
26	思想方法论初步	胡绳	1946.9		
27	整风文献	解放社	1946.9		
28	八年抗战中的八路军与新四军		1946.9*	无版权	
29	表	班台莱耶夫 著 鲁迅 译	1946.9*	无版权	
30	中国革命与中国共产党	毛泽东	1946.9*	无版权	
31	新时代的曙光	左琴科 著 曹靖华 译	1946.10		内页标注：1946.9
32	血债（三幕话剧）	东北文艺工作团 集体创作	1946.10		内页标注：1946.9
33	日本强盗的法律	凌亢	1946.10		
34	富德荣还乡	萧也牧	1946.10		群众读物
35	眼睛亮了（五幕喜剧）	何迟	1946.10		
36	李长胜捉俘房（五场小型歌剧）	歌焚	1946.10		
37	平妖记		1946.10		
38	墙头草（短剧集）	晋察冀边区 戏剧协会 编	1946.10		
39	林家铺子	茅盾	1946.10		
40	鲁迅先生逝世十周年纪念特刊	东北文化社 编	1946.10		
41	抗战敌后小故事		1946.10		战士读物
42	毛泽东故事	萧三	1946.10		
43	八路军的英雄与模范（第一辑）	第十八集团军 总政治部宣传部	1946.10		
44	英雄传（第一集）	丁玲 莫艾 等著	1946.10		
45	英雄传（第二集）	陈学昭 等著	1946.10		

序号	书名	作者	出版时间	版次	备注
46	窃国大盗袁世凯	陈伯达	1946.10		
47	苏联纪行	郭沫若	1946.10		
48	怎样写新闻通讯	金照	1946.10		
49	辩证法唯物论入门	胡绳	1946.10		
50	中国近代史讲话	韩启晨	1946.10		
51	给初学写作者的一封信（增订本）	苏联文学顾问会 著 张仲实 译	1946.10		
52*	论三民主义	毛泽东 陈伯达 等著	1946.10	无版权	
53*	通俗社会科学二十讲	曹伯韩	1946.10	无版权	
54*	在北极	巴巴宁	1946.10	无版权	
55*	一颗未出膛的枪弹	丁玲	1946.10	无版权	
56*	怎样研究政治经济学	柳湜	1946.10	无版权	青年自学丛书
57*	湖南农民运动考察报告	毛泽东	1946.10	无版权	
58*	中国革命战争的战略问题	毛泽东	1946.10	无版权	
59	屈原（五幕史剧及其他）	郭沫若	1946.11		内页标注：1946.10
60	论持久战	毛泽东	1946.11		
61	经济问题与财政问题	毛泽东	1946.11		
62	毛泽东的思想与作风	张如心	1946.11		
63	王贵与李香香	李季	1946.11		
64	杨靖宇和抗联第一路军	纪云龙	1946.11		抗联史料
65	母亲们和青年的子弟兵		1946.11		群众读物
66	民间艺术和艺人	周扬 肖三 艾青 等著	1946.11		内页标注：1946.12
67	三打祝家庄（三幕平剧）	延安平剧研究院集体创作	1946.11		

续表

序号	书名	作者	出版时间	版次	备注
68	大家喜欢（曲子戏）	马健翎 著 陈茵 绘图	1946.11		
69	血泪仇（秦腔剧）	马健翎	1946.11		
70	抓壮丁（三幕话剧）	集体创作 吴雪 执笔	1946.11		
71	陆文龙（剧本）		1946.11		
72	血泪的控诉——山东农民的痛苦与要求	王耕今	1946.11		
73	怎样自我学习	郭沫若 等著	1946.11		
74	吕梁英雄传	马烽 西戎	1946.11		
75	在摸索实验中成长的杨家湾小学	陶端予	1946.11		
76	解放区短篇创作选（第一辑）	周扬 编	1946.11		新文艺丛刊之一
77	解放区短篇创作选（第二辑）	周扬 编	1946.11		新文艺丛刊之二
78	解放区独幕剧选（第一集）	舒非 编	1946.11		新文艺丛刊之三
79	创作的准备	茅盾	1946.11		青年自学丛书
80	实用经济学大纲	彭迪先	1946.11		青年自学丛书
81	通俗社会科学二十讲	曹伯韩	1946.11		
82	农村政治课本	东北局宣传部	1946.11		
83	凤蝶外传（科学小品集）	董纯才	1946.11		
84	我怎样学习写作	高尔基 著 戈宝权 译	1946.11		
85	患难余生记	韬奋 遗著	1946.11		
86	问路（歌表演集）		1946.11*	无版权	
87	民兵战术	刘祖靖	1946.11*	无版权	
88	政治经济学	列昂节夫	1946.11*	无版权	

序号	书名	作者	出版时间	版次	备注
89	十万个为什么	伊林 著 董纯才 译	1946.11*	无版权	
90	新民主主义论	毛泽东	1946.12		
91	毛泽东同志在延安文艺座谈会上的讲话	毛泽东	1946.12		
92	论共产党员	刘少奇	1946.12		
93	国事痛（时事小说）	杨耳 等著	1946.12		
94	余为何参加中共工作	陈瑾坤	1946.12		
95	中国四大家族	陈伯达	1946.12		
96	集中营	长江 等著	1946.12		
97	清明前后	茅盾	1946.12		
98	一个女人翻身的故事	孔厥	1946.12		
99	我们的连长何万祥		1946.12		
100	部队的文化与通讯工作	新四军山东军区政治部宣传部	1946.12		
101	群众工作手册（二）		1946.12		
102	逼上梁山（三幕平剧）	延安平剧研究院集体创作	1946.12		
103	买不动（新秧歌剧）	鲁亚农 作 任虹 罗正 曲	1946.12		东北文艺工作团第二团戏剧音乐丛书之四
104	考验（三幕话剧）	吴雪	1946.12		东北文艺工作团第二团戏剧音乐丛书之六
105	军民一家（独幕话剧）	颜一烟 王家一 合作 颜一烟 执笔	1946.12		新演剧丛书创作之四
106	患难余生记	邹韬奋	1946.12		

序号	书名	作者	出版时间	版次	备注
107	诺尔曼·白求恩	周而复 等著	1946.12		
108	一个战士	郭尔巴多夫 著 伊真 译	1946.12		
109	目击记	潘菲洛夫	1946.12		
110	社会主义从空想到科学的发展	恩格斯 著 博古 校译	1946.12		

佳木斯印刷出版物（1947 年）

序号	书名	作者	出版时间	版次	备注
1	秧歌剧选集（一）	张庚 编	1947.1		新文艺丛书之四
2	秧歌剧选集（二）	张庚 编	1947.1		新文艺丛书之五
3	秧歌剧选集（三）	张庚 编	1947.1		新文艺丛书之六
4	解放区普通教育的改革问题	新教育会 编	1947.1		人民教育丛书之一
5	解放区群众教育建设的道路	新教育会 编	1947.1		人民教育丛书之二
6	毛泽东印象记	许之帧 编译	1947.1		封面分为有头像和无头像两个版别
7	群众工作手册（三）	东北日报社 编	1947.1		
8	群众工作手册（四）	东北日报社 编	1947.1		
9	晴天传（说唱）	刘品高	1947.1		
10	千古愁（山西梆子）	周文 王修 合编	1947.1		
11	自卫歌声（新歌曲）	任虹 罗正 编	1947.1		东北文艺工作团第二团戏剧音乐丛书之七
12	谁要中国内战	罗辛格 等	1947.1		
13	关内胜利的自卫战		1947.2		
14	关外胜利的自卫战		1947.2		
15	官兵关系	第十八集团军总政治部宣传部 编	1947.2		
16	军民关系	第十八集团军总政治部宣传部 编	1947.2		
17	参军真光荣（新秧歌剧）	鲁亚农 作 罗正 李凝 曲	1947.2		东北文艺工作团第二团戏剧音乐丛书之九

序号	书名	作者	出版时间	版次	备注
18	翻身秧歌集	李之华 编			东北文艺工作团第二团戏剧音乐丛书之十
19	东北蒋占区真相	东北日报社 编	1947.2		
20	王锡岐的故事	叶华	1947.2		
21	新民主农村的劳动互助	赵练之 编	1947.2		
22	美国共产党与战后问题	福斯特 戴尼斯	1947.2		国际问题参考书
23	其塔木战役的英雄	东北日报社 编	1947.2		
24	中国革命与中国共产党	毛泽东	1947.3		
25	蒋管区真相（第一集）	东北日报社 编	1947.3		
26	蒋管区真相（第二集）	东北日报社 编	1947.3		
27	伪"国大"与"伪宪"		1947.3		
28	东北农村调查	东北局宣传部	1947.3		
29	介绍南区合作社	西北中央局调查研究室 编	1947.3		陕甘宁边区生产运动丛书
30	群众工作手册（五）		1947.3		
31	中国近代政治简史	军大总校政治部	1947.3		
32	飞机学	楚山	1947.3		自然科学丛书
33	新儿童歌集	东北儿童社	1947.3		儿童丛书之一
34	一天的工作	茅盾	1947.3	再版	
35	新人生观	俞铭璜	1947.3	再版	
36	五月纪念日简史		1947.4	初版	
37	群众工作手册（六）		1947.4	初版	
38	中国职工运动简史	邓中夏 遗著	1947.4	初版	

续表

序号	书名	作者	出版时间	版次	备注
39	黑红点	吴伯萧	1947.4	初版	
40	农事常识		1947.4	初版	生产小丛书之一
41	农家副业		1947.4	初版	生产小丛书之二
42	怎样组织插犋换工		1947.4	初版	生产小丛书之三
43	一家人（拥爱短剧）	留波 李林	1947.4	初版	
44	战局在开始变动	东北日报社 编	1947.4	初版	时论选集
45	鲁迅小说选		1947.4	再版	
46	光荣归于民主	李普	1947.5	初版	
47	新闻工作手册	东北日报社 编	1947.5	初版	
48	中国近代政治思想简史	龚稷	1947.5	初版	
49	反"翻把"斗争（独幕话剧）	李之华	1947.5	初版	东北文艺工作团第二团戏剧音乐丛书之八
50	人民歌集（第一辑）	人民音乐社 编	1947.5	初版	
51	新儿童剧集	东北儿童社	1947.5	初版	儿童丛书之二
52	领导作风	第十八集团军总政治部宣传部 编	1947.5	初版	
53	中国四大家族	陈伯达	1947.5	再版	
54	国事痛	杨耳 等著	1947.5	再版	
55	揭露坦白控诉		1947.5	无版权	
56	世界各国共产党		1947.5		书内标注1947年，未标注具体月份
57	论新阶段	毛泽东	1947.6	初版	版权页标注1947.5

序号	书名	作者	出版时间	版次	备注
58	抗日游击战争的战术问题	毛泽东	1947.6	初版	
59	李家庄的变迁	赵树理	1947.6	初版	
60	怎样研究时事	戴夫	1947.6	初版	
61	一切为了前线（拥军故事）		1947.6	初版	
62	中国解放区的妇女翻身运动		1947.6	初版	
63	民兵战斗故事		1947.6	无版权	
64	战局的转折点	东北书店 编	1947.6	无版权	
65	论联合政府	毛泽东	1947.7	初版	
66	新民主主义论	毛泽东	1947.7	初版	
67	论共产党员	刘少奇	1947.7	初版	
68	海内奇谈		1947.7	初版	
69	工人课本		1947.7	初版	
70	列宁在一九一八年（电影剧本）	林淡秋 译	1947.7	初版	
71	从"九一八"到"七七"		1947.7	初版	
72	从"七七"到"八一五"		1947.7	初版	
73	人民战争中的民兵游击战术	刘祖靖	1947.7	初版	
74	国家与革命	列宁	1947.7	初版	
75	群众工作手册（七）		1947.8	初版	
76	庄稼经	胜利报社 编	1947.8	初版	
77	打蝗斗争		1947.8	初版	
78	人民一定能战胜（民歌联唱）	安波 词曲	1947.8	初版	冀察热辽文艺工作团第一团戏剧音乐丛书之一
79	受苦人翻身大联唱	骆文 词 程云 曲	1947.8	初版	冀察热辽文艺工作团第一团戏剧音乐丛书之二

序号	书名	作者	出版时间	版次	备注
80	活捉笑面虎	方青	1947.8	初版	
81	人民与战争	刘白羽 等著	1947.8	初版	东北解放区通讯报告选集
82	滹沱河流域	马加	1947.8	初版	
83	论群众路线	刘少奇 等著	1947.8	初版	
84	鸟枪的故事（插图本长诗）	公木 诗 张望 画	1947.8	初版	
85	万事不求神（故事）	王希坚	1947.8	初版	通俗文艺丛书
86	日头东升（演剧）	林白	1947.8	初版	新演剧丛书创作之八
87	农家乐（秧歌剧）	颜一烟	1947.8	初版	新演剧丛书创作之九
88	挖坏根（秧歌剧）	颜一烟	1947.8	初版	新演剧丛书创作之十
39	血肉相连	刘白羽 等著	1947.9	初版	内版权页标注1947.8
90	只不过是爱情	华西莱夫斯卡亚著 金人 译	1947.9	初版	东北文协丛书1
91	红娘子	邓泽 原著 东川 改编	1947.9	初版	东北文协丛书2
92	英雄的记录	刘白羽	1947.9	初版	东北文协丛书3
93	升官图	陈白尘	1947.9	初版	
94	不可征服的人们	戴夫	1947.9	初版	内版权页标注1947.8
95	福贵	赵树理	1947.9	初版	
96	山东人民的新生	宿士平 编	1947.9	初版	
97	南征散记	马寒冰	1947.9	初版	

序号	书名	作者	出版时间	版次	备注
98	四个民办小学	陕甘宁边区政府办公厅 编	1947.9	初版	
99	夏陶然的道路	刘子久 等著	1947.9	初版	
100	知识分子的任务与出路	于毅夫	1947.9	初版	
101	蒋介石言行对照录		1947.9	初版	
102	洋铁桶的故事	柯蓝	1947.9	初版	
103	歌唱南泥湾	师田手	1947.9	初版	
104	世界反法西斯文献	马皓 智建中 编	1947.9	初版	
105	民间音乐论文集（第二辑）	中国民间音乐研究会 编	1947.9	初版	民间丛书之二 内标注为"第一辑"
106	如此"正统军"	颜一烟 执笔 江巍 田风 曲	1947.9	初版	新演剧丛书创作之十二
107	劳军（秧歌剧）	王家乙	1947.9	初版	新演剧丛书创作之八
108	接担架（秧歌剧）	杨蔚 胡零 作 陈紫 曲	1947.9	初版	鲁艺创作丛书之一
109	铁流（通俗本）	周文 改编	1947.9	初版	
110	真理究竟在那里		1947.9	初版	
111	论领导方法		1947.9	初版	
112	近代世界革命史话	陈光祖 编	1947.9	初版	
113	目前英帝国共产党的斗争和任务	英文研究会 编译	1947.9	初版	
114	列宁	高尔基	1947.9	初版	
115	中国共产党党章		1947.9	翻印	
116	关于修改党章报告	刘少奇	1947.9	再版	
117	中国革命与中国共产党	毛泽东	1947.9	再版	
118	抗日游击战争的一般问题	抗日战争研究会 编	1947.10	初版	

序号	书名	作者	出版时间	版次	备注
119	白毛女（五幕歌剧）	贺敬之 丁毅 等著	1947.10	初版	
120	屠刀下（三幕剧）	那沙	1947.10	初版	
121	陕北秧歌剧选	苏一平 等著	1947.10	初版	
122	解放区农村剧团创作选集		1947.10	初版	
123	正义的呼声	东北书店 编	1947.10	初版	
124	怨悔·觉醒·控诉	东北书店 编	1947.10	初版	
125	爱与恨	东北书店 编	1947.10	初版	
126	蒋介石卖国真相	方克 编著	1947.10	初版	
127	勇敢的人	刘白羽	1947.10	初版	
128	人和山	董纯才 译	1947.10	初版	
129	地球的历史	雪提维奇 著 陈应新 译	1947.10	初版	
130	先有天？先有地？	彭庆昭 编著	1947.10	初版	
131	军事技术便览	伊万诺夫 著 常彦卿 译	1947.10	初版	
132	俄罗斯名将传	奥西波夫	1947.10	初版	
133	新波兰游记	斯特朗 著 李亚 译	1947.10	初版	
134	哥尼斯堡的陷落	魏里奇科 著 戈宝权 译	1947.10	初版	
135	列宁的母亲	高福纳托尔	1947.10	初版	
136	人间	高尔基 著 适夷 译	1947.10	初版	平装本 精装本
137	中国通史简编（上）	中国历史研究会	1947.10	初版	
138	煤窑起义（小说）	申田	1947.10	初版	通俗文艺 丛书
139	摔龙王（小说）	王铁	1947.10	初版	通俗文艺 丛书
140	卜掌村演义（鼓词）	李季	1947.10	初版	通俗文艺 丛书

续表

序号	书名	作者	出版时间	版次	备注
141	翻身民歌（歌谣）	王希坚	1947.10	初版	通俗文艺丛书
142	朱富胜翻身（鼓词）	王希坚	1947.10	初版	通俗文艺丛书
143	刘巧团圆（鼓词）	韩起祥	1947.10	初版	通俗文艺丛书
144	刘巧儿告状	袁静	1947.10	初版	通俗文艺丛书
145	文化翻身的故事（故事）	阎吾 等著	1947.10	初版	通俗文艺丛书
146	纠纷（小说）	菡子	1947.10	初版	通俗文艺丛书
147	一家人（鼓词）	孔厥 词 张鲁 曲	1947.10	初版	通俗文艺丛书
148	神兵	贾霁	1947.10	初版	
149	列宁的正义		1947.10	初版	
150	向列宁学习工作方法	克鲁普斯卡娅	1947.10	初版	
151	中国共产党党章		1947.10	翻印	
152	毛泽东的思想及作风	张如心	1947.10	再版	
153	社会科学概论（增订本）	社会科学研究会	1947.10	再版	
154	解放军大反攻		1947.10	无版权	
155	人民解放军宣言与 中国土地法大纲		1947.10	无版权	
156	新闻工作者的立场与作风		1947.10	无版权	
157	在人山中	戴夫	1947.11	初版	
158	光荣归于民主（前线通讯集）	华山	1947.11	初版	
159	官逼民反	钟纪明 等	1947.11	初版	
160	拥爱模范	山东军区政治部 宣传部	1947.11	初版	
161	晋察冀行	周而复	1947.11	初版	

续表

序号	书名	作者	出版时间	版次	备注
162	滨蒲战役		1947.11	初版	
163	毛泽东的青年时代	萧三 著	1947.11	初版	
164	火牛阵（故事）	陶纯	1947.11	初版	通俗文艺丛书
165	一切为了前线（话剧）	贾霁	1947.11	初版	通俗文艺丛书
166	动员起来（秧歌剧）	枣园文艺工作团集体创作	1947.11	初版	通俗文艺丛书
167	刘志丹的故事（故事）	董均伦	1947.11	初版	通俗文艺丛书
168	中国巨大变化的一年（1946.7—1947.6）	东北日报社 编	1947.11	初版	
169	最近一年间的国际动态（1946.7—1947.6）	东北日报社 编	1947.11	初版	
170	中国通史简编（中）	中国历史研究会	1947.11	初版	
171	青年文娱手册（第一辑）	东大学生会	1947.11	初版	
172	目前教育的指针（第一集）	东北行政委员会教育委员会	1947.11	初版	东北教育丛刊
173	改造思想的典型报告（第二集）	东北行政委员会教育委员会	1947.11	初版	东北教育丛刊
174	民权村小学介绍（第三集）	东北行政委员会教育委员会	1947.11	初版	东北教育丛刊
175	冬学手册（第四集）	东北行政委员会教育委员会	1947.11	初版	东北教育丛刊
176	绘图新庄农杂字	东北行政委员会教育委员会	1947.11	初版	
177	中国政治思想史（第一分册）	吕振羽	1947.11	初版	
178	中国政治思想史（第二分册）	吕振羽	1947.11	初版	
179	欧洲问题	东北日报社 编	1947.11	初版	
180	青年复仇记	温别格尔 著 愚卿 译	1947.11	初版	
181	苏沃洛夫元帅	瞿白音 译	1947.11	初版	

续表

序号	书名	作者	出版时间	版次	备注
182	俄国问题	西蒙诺夫 著 英文研究会 译	1947.11	初版	
183	列宁的童年	月列琴尼科夫 著 金人 译	1947.11	初版	
184	苏联的家庭婚姻与母性	斯维得洛夫 著 张亦名 译	1947.11	初版	
185	什么是列宁主义	文维城 编	1947.11	初版	内扉页标注 1947.4
186	中国近代政治简史	东北军政大学	1947.11	初版	内版权页标注为再版
187	毛泽东印象记	许之帧 编译	1947.11	再版	内版权页标注为初版
188	反"翻把"斗争（独幕话剧）	李之华	1947.11	再版	东北文艺工作团第二团戏剧音乐丛书之八
189	中国解放区的妇女翻身运动		1947.11	再版	
190	从"七七"到"八一五"	东大图书资料室 编	1947.11	再版	
191	怎样写新闻通讯	金照	1947.11	再版	
192	解放区普通教育的改革问题	新教育会 编	1947.11	再版	人民教育丛书之一
193	解放区群众教育建设的道路	新教育会 编	1947.11	再版	人民教育丛书之二
194	关于修改党章报告	刘少奇	1947.11	三版	
195	毛泽东传	史诺 著 汪衡 译	1947.12	初版	
196	湖南农民运动考察报告	毛泽东	1947.12	初版	
197	东北地主富农研究	李尔重 富振声 等著	1947.12	初版	
198	新生的内蒙	东北书店 编	1947.12	初版	

序号	书名	作者	出版时间	版次	备注
199	马恩列斯毛论农民土地问题	土地问题研究会 编	1947.12	初版	
200	杨清法	遇明 等著	1947.12	初版	
201	挖穷根（秧歌剧）	关守耀 胡玉亭 著	1947.12	初版	
202	皖南突围记	殷扬	1947.12	初版	
203	小英雄	左林	1947.12	初版	少年抗敌的故事
204	中国新型女英雄	孔厥	1947.12	初版	
205	通讯员手册（第一辑）	东北日报通讯采编部 编	1947.12	初版	
206	冬学政治课本	东北行政委员会教育委员会 编	1947.12	初版	
207	现中国的两种社会	东北军政大学政治部 编	1947.12	初版	
208	把秧歌舞扭到上海去	苏苏	1947.12	初版	
209	蒋管区真相（第三集）	东北日报社 编	1947.12	初版	
210	群众工作手册（十一）	东北日报社 编	1947.12	初版	
211	群众工作手册（十二）	东北日报社 编	1947.12	初版	
212	群众工作手册（十三）	东北日报社 编	1947.12	初版	
213	皇甫其建（鼓词）	王乃堂	1947.12	初版	通俗文艺丛书
214	老雇农杨树山 平鹰坟（鼓词）	大成 轻影 等著	1947.12	初版	通俗文艺丛书
215	小二黑结婚（鼓词）	宋镜蓉	1947.12	初版	通俗文艺丛书
216	新年乐（小调剧）	周玑璋	1947.12	初版	通俗文艺丛书
217	万事不求神（故事）	王希坚	1947.12	再版	通俗文艺丛书
218	中国近代史（上编一分册）	范文澜	1947.12	初版	

序号	书名	作者	出版时间	版次	备注
219	微笑	达列基 等著 罗焚 译	1947.12	初版	
220	伊万·尼古林俄罗斯的水兵	梭罗维约夫	1947.12	初版	
221	苏联的集体农场	卡尔宾斯基	1947.12	初版	
222	辩证唯物主义和历史唯物主义		1947.12	初版	
223	窃国大盗袁世凯	陈伯达	1947.12	再版	
224	汉奸刽子手曾国藩的一生	范文澜	1947.12	再版	
225	集中营	长江 等	1947.12	再版	
226	苏联新五年计划		1947.12	再版	

佳木斯印刷出版物（1948 年）

序号	书名	作者	出版时间	版次	备注
1	农村调查	毛泽东	1948.1	初版	
2	农民文化课本		1948.1	初版	
3	平分土地运动中的几个问题		1948.1	初版	
4	杨勇立功（歌舞剧）	白华 著 一鸣 等曲	1948.1	初版	
5	保江山	颜一烟	1948.1	初版	
6	群众工作手册（十四）	东北日报社 编	1948.1	初版	
7	时事漫画（1946—1947）	华君武	1948.1	初版	
8	大众化编写工作	宫达非	1948.1	初版	
9	苏维埃人群像	铁霍诺夫 等著	1948.1	初版	苏联文学丛书 1
10	兵士兼统帅	皮加列夫	1948.1	初版	
11	三十年的苏联	东北书店 编	1948.1	初版	
12	日丹诺夫同志关于西方哲学史的发言	立三 译	1948.1	初版	
13	绘图新庄农杂字	东北行政委员会教育委员会	1948.1	再版	
14	知识分子的任务与出路	于毅夫	1948.1	再版	青年知识丛书
15	逼上梁山（三幕平剧）	延安平剧研究会 编	1948.1	再版	
16	抓壮丁（三幕话剧）	吴雪 执笔	1948.1	再版	
17	血泪仇（秦腔剧）	马健翎	1948.1	再版	
18	世界各国共产党	东北书店 编	1948.1	再版	
19	平分土地文献	东北日报社 编	1948.1	再版	
20	平分土地文献	东北日报社 编	1948.1	三版	
21	整风文献	解放社	1948.1	三版	精装本
22	自卫歌声（新歌曲）	任虹 罗正 编	1948.1	三版	东北文艺工作团第二团戏剧音乐丛书之七

序号	书名	作者	出版时间	版次	备注
23	目前形势和我们的任务	毛泽东	1948.1	无版权	
24	甲申三百年祭	郭沫若	1948.2	初版	
25	太平天国革命运动	范文澜	1948.2	初版	
26	地主翻把血的教训	井岩盾 等著	1948.2	初版	
27	贫雇农路线	东北书店 编	1948.2	初版	
28	花鼓（秧歌剧）	王卓 萧汀	1948.2	初版	
29	翻身歌唱（歌唱）	金汤	1948.2	初版	通俗文艺丛书
30	翻身农村风光好（故事）	金汤	1948.2	初版	通俗文艺丛书
31	老姜头翻身（洛子）	刘林	1948.2	初版	通俗文艺丛书
32	论思想意识		1948.2	初版	整党参考材料
33	恐惧与无畏	别克 著 愚卿 译	1948.2	初版	苏联文艺丛书 2
34	论忠诚与老实	斯列波夫	1948.2	初版	
35	中国近代政治思想史料	龚稷	1948.2	再版	
36	从七七到八一五	李石涵	1948.2	三版	八年抗战史的参考资料
37	东北解放区短篇创作选（第一辑）	刘白羽 等著	1948.3	初版	
38	夏红秋	范政	1948.3	初版	
39	十八勇士	白刃	1948.3	初版	
40	政治委员	刘白羽	1948.3	初版	新文艺小丛书
41	拴柱	胡朋	1948.3	初版	儿童读物
42	蒋管区农村实录	芷石 等著	1948.3	初版	
43	地主吃人花招		1948.3	初版	

续表

序号	书名	作者	出版时间	版次	备注
44	中共中央关于在老区半老区进行土地改革与整党工作的指示		1948.3	初版	
45	职工运动文献 1		1948.3	初版	
46	永安屯翻身（三幕二十场秧歌剧）	鲁艺文工团集体创作	1948.3	初版	
47	瞎月工伸冤记（故事）	井岩盾	1948.3	初版	通俗文艺丛书
48	保饭碗（故事）	季万	1948.3	初版	通俗文艺丛书
49	小二黑结婚（鼓词）	宋镜蓉	1948.3	再版	通俗文艺丛书
50	新年乐	周玑璋	1948.3	再版	通俗文艺丛书
51	万事不求神（故事）	王希坚	1948.3	三版	通俗文艺丛书
52	社会发展史略		1948.3	初版	
53	森林之家	渥隆哥娃 著 傅克 译	1948.3	初版	苏联文学丛书 3
54	人民不死	葛洛斯曼 著 林陵 译	1948.3	初版	苏联文学丛书 4
55	青年歌声	东北民主青年联盟总部 编	1948.3	初版	民青丛书第一辑
56	青年歌声（第二集）	东北民主青年联盟总部 编	1948.3	初版	民青丛书第二辑
57	血泪仇（秧歌剧）	马健翎	1948.3	再版	新演剧丛书创作之三
58	挖穷根（秧歌剧）	关守耀 胡玉亭	1948.3	再版	
59	接担架（秧歌剧）	杨蔚 胡零 作 陈紫 曲	1948.3	再版	
60	新儿童歌集	东北儿童社	1948.3	再版	
61	民间音乐论文集（第二辑）	中国民间音乐研究会	1948.3	再版	民间文艺丛书之二

续表

序号	书名	作者	出版时间	版次	备注
62	解放区独幕剧选（第一集）	舒非 编	1948.3	再版	新文艺丛刊之三
63	血泪的控诉——山东人民的痛苦和要求	王耕今	1948.3	再版	
64	马恩列斯毛论农民土地问题	土地问题研究会 编	1948.3	再版	
65	中国革命与中国共产党	毛泽东	1948.3	三版	
66	中国近代简史	东北军政大学 编	1948.3	三版	
67	小学音乐手册	潘奇	1948.3	三版	
68	青年文娱手册	东大学生会	1948.3	三版	
69	人民歌集（第一集）	人民音乐社 编	1948.3	三版	
70	自卫歌声（新歌曲）	任虹 罗正 编	1948.3	四版	东北文艺工作团第二团戏剧音乐丛书之七
71	暴风骤雨（上）	周立波	1948.4	初版	
72	新炮手	周洁夫	1948.4	初版	
73	王家大院（一幕四场话剧）	合江省鲁艺文工团农民组	1948.4	初版	
74	李闯王（五幕历史剧）	阿英	1948.4	初版	
75	生产小组长（独幕歌剧）	刘林	1948.4	初版	
76	老母鸡（秧歌剧）	高昆 等著 吕若增 曲	1948.4	初版	
77	人民解放军歌集（第一集）	部队文艺社 编	1948.4	初版	
78	目前党的政策汇编		1948.4	初版	
79	如何才能增产粮食	松江省政府建设厅	1948.4	初版	生产丛书之一
80	肥料	松江省政府建设厅	1948.4	初版	生产丛书之二
81	选种	松江省政府建设厅	1948.4	初版	生产丛书之三

续表

序号	书名	作者	出版时间	版次	备注
82	耕种方法的研究	松江省政府建设厅	1948.4	初版	生产丛书之四
83	病虫害的预防和扑灭	松江省政府建设厅	1948.4	初版	生产丛书之五
84	农业耕作方法计算问题	松江省政府建设厅	1948.4	初版	生产丛书之六
85	作物病虫害防除的一般常识	松江省政府建设厅	1948.4	初版	生产丛书之七
86	农谚	松江省政府建设厅	1948.4	初版	生产丛书之八
87	克拉夫成果将军	罗任弗里德	1948.4	初版	
88	大众化编写工作	宫达非	1948.4	再版	
89	民间艺术和艺人	周扬 萧三 等著	1948.4	再版	民间文艺丛书之一
90	妇女运动文献	罗琼	1948.4	再版	
91	从"九一八"到"七七"		1948.4	再版	
92	诺尔曼·白求恩	周而复	1948.4	再版	
93	论思想意识		1948.4	再版	整党参考材料之一
94	五月纪念日介绍	长明 编	1948.4	再版	
95	买不动（新秧歌剧）	鲁亚农 作 任虹 罗正 曲	1948.4	再版	东北文艺工作团第二团戏剧音乐丛书之四
96	动员起来（秧歌剧）	枣园文工团集体创作	1948.4	再版	通俗文艺丛书
97	翻身歌唱（歌唱）	金汤	1948.4	再版	通俗文艺丛书
98	恐惧与无畏	别克 著 愚卿 译	1948.4	再版	
99	三十年的苏联	东北书店 编	1948.4	再版	

序号	书名	作者	出版时间	版次	备注
100	论忠诚与老实	斯列波夫	1948.4	再版	整党参考材料之二
101	中国四大家族	陈伯达	1948.4	三版	
102	新儿童歌集	东北儿童社	1948.4	三版	
103	知识分子的任务与出路	于毅夫	1948.4	三版	
104	毛泽东的青年时代	萧三	1948.4	三版	
105	绘图新庄农杂字	东北行政委员会教育委员会	1948.4	三版	
106	整风文献（订正本）	解放社	1948.4	四版	
107	青年文娱手册	东大学生会	1948.4	四版	
108	南征北战的英雄司汉民同志	伍廷秀	1948.5	初版	新文艺小丛书之三
109	从诉苦到复仇	哈欣农 等著	1948.5	初版	
110	由奴隶到英雄	胡宗锷 等著	1948.5	初版	
111	擦干眼泪复仇	西虹 等著	1948.5	初版	
112	三秃的冤仇	白刃	1948.5	初版	
113	中国名歌选（第一辑）		1948.5	初版	
114	火（歌剧）	胡零 编 刘炽 曲	1948.5	初版	
115	安家生产（秧歌剧）	刘莎 著 邓止怡 曲	1948.5	初版	东北文艺工作团第二团戏剧音乐丛书之十一
116	陈德山摸底（二人转）	鲁亚农	1948.5		东北文艺工作团第二团戏剧音乐丛书之十四
117	闯王进京（平剧）	马少波	1948.5	初版	
118	夜探阎王殿（秧歌剧）	王越	1948.5	初版	
119	狐群狗党现形记		1948.5	初版	

续表

序号	书名	作者	出版时间	版次	备注
120	论自我批评	叶群 等译	1948.5	初版	整党参考材料之三
121	大胆公开的批评	竹马 等译	1948.5	初版	
122	列宁的故事	考瑙瑙夫 著 愚卿 译	1948.5	初版	
123	九国共产党情报局文献	东北局宣传部 译	1948.5	初版	
124	日日夜夜	西蒙诺夫 著 仓木 继纯 合译	1948.5	初版	苏联文学丛书5
125	如何才能增产粮食	松江省政府建设厅	1948.5	再版	生产丛书之一
126	选种	松江省政府建设厅	1948.5	再版	生产丛书之二
127	肥料	松江省政府建设厅	1948.5	再版	生产丛书之三
128	耕作的方法研究	松江省政府建设厅	1948.5	再版	生产丛书之四
129	病虫害的预防和扑灭	松江省政府建设厅	1948.5	再版	生产丛书之五
130	农业耕作方法计算问题	松江省政府建设厅	1948.5	再版	生产丛书之六
131	论群众路线	东北书店 编	1948.5	再版	
132	夏红秋	范政	1948.5	再版	
133	毛泽东印象记	许之帧 编译	1948.5	三版	
134	毛泽东的思想及作风	张如心	1948.5	三版	
135	论思想意识		1948.5	三版	整党参考材料之一
136	中国革命与中国共产党	毛泽东	1948.5	四版	
137	长征故事		1948.6	初版	
138	向银宝	军右	1948.6	初版	少年儿童读物
139	无敌三勇士	刘白羽	1948.6	初版	

序号	书名	作者	出版时间	版次	备注
140	一个裁缝之死（广场歌舞剧）	地子 马瑜 等著	1948.6	初版	
141	欧游漫记	刘宁一	1948.6	初版	
142	时论选集（1947.7—12）		1948.6	初版	
143	中国共产党党章教材		1948.6	初版	
144	目前党的政策汇编（第二辑）		1948.6	初版	
145	职工运动文献 2		1948.6	初版	
146	群众工作手册（十五）	东北日报社 编	1948.6	初版	
147	苏沃洛夫元帅传	奥西波夫 著 黄远 译	1948.6	初版	
148	生与死	郭尔巴托夫 著 付克 译	1948.6	初版	
149	论苏联文学的高度思想原则	法捷耶夫 等著 伊真 译	1948.6	初版	
150	暴风骤雨（上）	周立波	1948.6	再版	
151	毛泽东的故事		1948.6	再版	该书同版权页两种封面
152	中国巨大变化的一年（1946.7—1947.6）		1948.6	再版	
153	林家铺子	茅盾	1948.6	再版	
154	鼓风炉旁四十年	柯鲁包夫 著 曼斯 译	1948.6	再版	
155	集中营	长江 等著	1948.6	三版	
156	人民歌集（第一集）	人民音乐社 编	1948.6	四版	
157	青年歌声	东北民主青年联盟总部 编	1948.6	四版	民青丛书第一辑
158	整风文献（订正本）	解放社	1948.6	五版	
159	打完老蒋再回家（大鼓）	刘林	1948.7	初版	
160	喜报（演唱）	于永宽 鲁亚农 合著	1948.8	初版	

续表

序号	书名	作者	出版时间	版次	备注
161	实用大众字典	张雁 编著	1948.8	初版	精装本
162	英雄小好汉	范政 等著	1948.9	初版	儿童抗战故事
163	一只胳膊的孩子	蓝柯 等著	1948.9	初版	少年儿童抗战故事
164	陈树元挂奖章（战斗剧本）	张绍杰 编 李庆钟 曲	1948.9	初版	
165	我们的医院（小歌舞剧）	雪立 编 亦林 曲	1948.9	初版	
166	三担水（小歌剧）	丁洪 编 一鸣 曲	1948.9	初版	
167	阵地（一幕三场话剧）	黎阳	1948.9	初版	
168	荣誉（小歌舞剧）	雪立 等著	1948.9	初版	
169	立功（剧本）	武照题 编 张国昌 曲	1948.9	初版	
170	好班长（广场歌舞剧）	丁洪 唐克 编 肖民 曲	1948.9	初版	
171	工人歌集	东北文协文工团	1948.9	初版	
172	人民歌集（第二集）	人民音乐社 编	1948.9	初版	
173	取长补短	孙芋	1948.9	初版	
174	劳动英雄刘英源	刘林	1948.9	初版	通俗文艺丛书
175	高祥	方青	1948.9	初版	文学战线创作丛书
176	人民的好儿子	吴蓟 等著	1948.9	初版	
177	大时代的插曲	白刃	1948.9	初版	
178	土地改革工作指南		1948.9	初版	
179	目前形势和我们的任务		1948.9	初版	
180	伊凡·尼古林 俄罗斯的水兵	梭罗维约夫 著 金人 译	1948.9	初版	苏联文学丛书6
181	历史的伪造者——历史的佐证	伊真 译	1948.9	初版	

序号	书名	作者	出版时间	版次	备注
182	列宁论苏维埃机关人员应如何工作		1948.9	初版	
183	斯大林论工业生产中的几个问题		1948.9	初版	
184	唯物论与经验批判论	列宁 著 曹葆华 译	1948.9	初版	
185	我们的春天	爱伦堡	1948.9	初版	
186	人民解放军歌集（第一集）		1948.9	再版	
187	中国民歌选（第一辑）		1948.9	再版	
188	中国共产党党章教材		1948.9	再版	
189	实用大众字典	张雁 编著	1948.9	再版	
190	整风文献（订正本）	解放社	1948.9	六版	
191	东北民歌选	中国音乐研究会 编	1948.10	初版	东北民间音乐丛刊之一
192	攻无不克	东北日报副刊部 编	1948.10	初版	内版权标注 1948.9
193	为谁打天下（六幕歌剧）	东北军政大学宣传队具体创作	1948.10	初版	内版权标注 1948.11
194	李有才板话影词	胡青 编	1948.10	初版	内版权标注 1948.9 通俗文艺丛书
195	不信运气（快板）	始流	1948.10	初版	新文艺小丛书之四
196	煤	李纳	1948.10	初版	
197	可怕的鼠疫	东北行政委员会卫生部	1948.10	初版	大众卫生小丛书之一
198	夏天的传染病	东北行政委员会卫生部	1948.10	初版	大众卫生小丛书之二
199	危险的猩红热	东北行政委员会卫生部	1948.10	初版	大众卫生小丛书之三

序号	书名	作者	出版时间	版次	备注
200	春秋的传染病	东北行政委员会卫生部	1948.10	初版	大众卫生小丛书之四
201	三个窝子病	东北行政委员会卫生部	1948.10	初版	大众卫生小丛书之五
202	防空急救法	东北行政委员会卫生部	1948.10	初版	大众卫生小丛书之六
203	怎样过民主生活	甄旅	1948.10	初版	青年知识丛书之二
204	简易国语文法十四讲	余白金 编	1948.10	初版	青年知识丛书之三
205	天空的秘密	坚白	1948.10	初版	青年知识丛书之四
206	建党手册（第一辑）		1948.10	初版	
207	思想方法与学习方法	薛暮桥	1948.10	初版	读书笔记
208	城市工作指南（一）		1948.10	初版	
209	进一步提高党的工作水平		1948.10	初版	干部学习参考材料之一
210	南共领导脱离了马列主义关于阶级和阶级斗争的理论		1948.10	初版	干部学习参考材料之二
211	论军队纪律		1948.10	初版	干部学习参考材料之三
212	马克思恩格斯与马克思主义	列宁 著 柯柏年 等译	1948.10	初版	
213	印度问题	英文研究会 编译	1948.10	初版	
214	半年来国内的形势（1948.1—1948.6）		1948.10	初版	
215	空气的海洋	柳泱 译	1948.10	初版	通俗科学读物

序号	书名	作者	出版时间	版次	备注
216	长征故事		1948.10	再版	
217	湖南农民运动考察报告	毛泽东	1948.10	再版	
218	毛泽东同志在延安文艺座谈会上的讲话	毛泽东	1948.10	再版	
219	论联合政府	毛泽东	1948.10	再版	封底标注翻印
220	人民解放战争两周年的总结和第三年的任务		1948.10	再版	
221	小英雄	左林 编	1948.10	再版	少年抗敌的故事
222	拴柱	胡朋	1948.10	再版	内版权页标注 1948.9 儿童读物
223	三秃的冤仇	白刃	1948.10	再版	
224	水	陈大年	1948.10	再版	少年科学读物
225	先有天？先有地？	彭庆昭 编著	1948.10	再版	科学知识
226	鲁迅思想研究	何干之	1948.10	再版	
227	怎样研究时事	戴夫	1948.10	再版	
228	中国近代史讲话	韩启晨	1948.10	再版	
229	近代世界革命实话	陈光祖 编	1948.10	再版	
230	中国新型女英雄	孔厥	1948.10	再版	
231	湖南农民运动考察报告	毛泽东	1948.10	三版	
232	共产党宣言	博古 译	1948.10	三版	
233	军爱民·民拥军（秧歌剧）	西虹 作 止怡 改编	1948.10	三版	东北文艺工作第二团戏剧音乐选辑之三
234	中国近代政治思想史料	龚稷	1948.10	三版	
235	窃国大盗袁世凯	陈伯达	1948.10	三版	

续表

序号	书名	作者	出版时间	版次	备注
236	中国共产党党章教材		1948.10	三版	
237	中国共产党党章教材		1948.10	四版	
238	毛泽东思想及作风	张如心	1948.10	四版	
239	绘图新庄农杂字	东北行政委员会 教育委员会	1948.10	四版	
240	社会发展史略		1948.10	四版	
241	小学音乐手册	潘奇	1948.10	四版	
242	中国近代政治简史	军大总校政治部	1948.10	五版	
243	整风文献（订正本）	解放社	1948.10	七版	
244	鲁迅论美术	张望 编	1948.11	初版	内版权 页标注 1948.10
245	延安一学校	程今吾 著	1948.11	初版	
246	表现新的群众的时代	周扬	1948.11	初版	
247	雪山草地行军记	杨定华	1948.11	初版	
248	阶级的硬骨头	宋训令	1948.11	初版	
249	我们的连队	西虹	1948.11	初版	
250	为人民立功	王向立	1948.11	初版	
251	斗争	宋兴中 作 李文学 曲	1948.11	初版	
252	在敌人后方（三幕话剧）	罗丹	1948.11	初版	
253	鞋	白辛 编剧	1948.11	初版	
254	城市工作指南（二）		1948.11	初版	
255	简谱教程	潘奇	1948.11	初版	
256	在零下四十度	西虹	1948.11	初版	文学战线 创作丛书
257	陕北风光	丁玲	1948.11	初版	文学战线 创作丛书
258	合同立功	荒草 编著	1948.11	初版	

序号	书名	作者	出版时间	版次	备注
259	几点钟	伊林 著 董纯才 译	1948.11	初版	
260	斯大林格勒血战记	维尔塔 著 金人 译	1948.11	初版	文学电影剧本
261	远方	盖达尔 著 曹靖华 佩秋 译	1948.11	初版	
262	战时苏联经济	渥兹涅辛斯基 著 施滨 译	1948.11	初版	
263	东欧新民主国家	英文研究会 编译	1948.11	初版	东欧介绍之一
264	湖南农民运动考察报告	毛泽东	1948.11	再版	内版权页标注 1948.10 再版
265	东北解放区短篇创作选（第一辑）	刘白羽 等著	1948.11	再版	
266	瞎月工伸冤记（故事）	井岩盾	1948.11	再版	通俗文艺丛书
267	生产小组长（歌剧）	刘林	1948.11	再版	通俗文艺丛书
268	母	高尔基 著 孙光瑞 译	1948.11	再版	
269	苏联的集体农场	卡尔宾斯基 著 焦敏之 译	1948.11	再版	
270	日丹诺夫同志关于西方哲学史的发言	立三 译	1948.11	再版	
271	从九一八到七七		1948.11	三版	
272	凤蝶外传	董纯才	1948.11	三版	
273	绘图新庄农杂字	东北行政委员会教育委员会	1948.11	五版	
274	中国共产党党章教材		1948.11	六版	
275	中国法西斯特务真相		1948.12	初版	
276	蒋党真相	栩勋	1948.12	初版	

续表

序号	书名	作者	出版时间	版次	备注
277	老战士	周洁夫	1948.12	初版	文学战线创作丛书
278	苏联的法院	高里亚柯夫 著 张君悌 译	1948.12	初版	内版权页标注1948.11
279	安家生产（秧歌剧）	刘莎 著 邓止怡 曲	1948.12	再版	东北文艺工作团第二团戏剧音乐丛书之十一
280	一朵红花（秧歌剧）	萧汀 改编	1948.12	再版	通俗文艺丛书内版权页标注1948.11
281	受苦人翻身大联唱	骆文 词 程云 曲	1948.12	三版	冀察热辽文艺工作团第一团戏剧音乐丛书之二
282	翻身民歌（歌谣）	王希坚	1948.12	三版	通俗文艺丛书
283	农家乐	颜一烟	1948.12	三版	新演剧丛书创作之九
284	新年乐（小调剧）	周玑璋	1948.12	四版	通俗文艺丛书
285	万事不求神（故事）	王希坚	1948.12	五版	通俗文艺丛书

佳木斯印刷出版物（1949 年）

序号	书名	作者	出版时间	版次	备注
1	生产课本	东北行政委员会教育部	1949.1	初版	
2	冬学课本	东北行政委员会教育部	1949.1	初版	
3	论民族问题	斯大林	1949.1	初版	内版权页为 1948.12
4	汉字新文字两用检字	张雁	1949.2	初版	
5	祖国炊烟	西蒙诺夫 著 高亚天 译	1949.2	初版	文学战线翻译丛书
6	政治经济学论丛	马克思 恩格斯 著 王学文 等译	1949.3	初版	马恩丛书之六
7	"资本论"提纲	恩格斯 著 何锡林译	1949.3	初版	马恩丛书之九
8	干部学习参考文件		1949.3		
9	政治经济学	薛暮桥	1949.4	初版	
10	共产国际第七次大会的总结	曼努意斯基	1949.4	初版	
11	打倒蒋介石建立新中国		1949.4	初版	

哈尔滨印刷出版物

序号	书名	作者	出版时间	版次	备注
1	人民女英雄刘胡兰	张望 画 庄严 词	1947.8	初版	
2	群众工作手册（八）	东北日报社 编	1947.10	初版	
3	群众工作手册（九）	东北日报社 编	1947.10	初版	
4	地主血腥发家史		1947.11	初版	
5	斯大林传略	唯真 译	1947.11	初版	
6	平分土地文献		1947.12	初版	
7	平分土地文献		1948.1	再版	
8	群众工作手册（十）	东北日报社 编	1948.1	初版	
9	杨勇立功（中型歌剧）	白华 编 一鸣 曲	1948.2	再版	
10	五四运动与知识青年	章炼烽	无版权	无版权	
11	十万个为什么	董纯才 译	1948.5	再版	
12	新民主主义论	毛泽东	1948.5	再版	
13	毛泽东选集（精装本）	毛泽东	1948.5	初版	
14	工人的旗帜赵占魁	李衍白	1948.6	初版	
15	农谚	松江省政府建设厅 编	1948.6	初版	生产丛书之八
16	人民女英雄刘胡兰	鲁艺工作团	1948.6	再版	说唱连环图画之一
17	中国职工运动简史	邓中夏	1948.6	再版	
18	翻身秧歌集	李之华	1948.6	四版	东北文艺工作团戏剧丛书之十
19	参军保家（秧歌剧）	李牧	1948.6	三版	新演剧丛书创作之十一
20	新人生观	俞铭璜	1948.6	四版	
21	花鼓（秧歌剧）	王卓 萧汀	1948.6	再版	

序号	书名	作者	出版时间	版次	备注
22	海上述林（精装本）	瞿秋白 译 鲁迅 编	1948.6*	无版权	精装封面分黑·灰·绿三色
23	共产党员课本	东北局 宣传部 编审	1948.7	初版	
24	人民公敌蒋介石	陈伯达	1948.7	初版	
25	中共中央关于南斯拉夫共产党问题的决议	东北书店 编	1948.7	初版	
26	干活好（秧歌剧）	寄明 等	1948.7	再版	鲁艺创作丛书之二
27	共产主义常识	东北书店 编	1948.7	再版	
28	日日夜夜（通俗本）		1948.7	再版	
29	反对经验主义	艾思奇	1948.7	初版	
30	中国革命战争的战略问题	毛泽东	1948.8	初版	
31	人民解放军两周年总结和第三年任务	东北书店 编	1948.8	初版	
32	中国共产党党章		1948.8	再版	
33	共产党员课本	东北局 宣传部 编审	1948.8	再版	
34	喜报（演唱）	于永宽 鲁亚农 合著	1948.8	初版	戏剧音乐丛书之十二
35	美帝扶日真相	新华社	1948.8	初版	
36	从历史上看苏美对华政策	东北书店 编	1948.8	初版	
37	职工运动参考材料		1948.8	初版	
38	团队之子	卡达耶夫 著 茅盾 译	1948.8	初版	内版权页为 1948.7
39	反对经验主义	艾思奇	1948.8	再版	
40	乱弹及其他（精装本）	瞿秋白 遗著	1948.8*	无版权	精装封面分黑缎面·蓝布面

续表

序号	书名	作者	出版时间	版次	备注
41	社会科学概论（增订本）	社会科学研究会 编	1948.9	三版	内版权页为 1948.8
42	半弯镰刀	董均伦 著 沃渣 插画	1948.9	初版	
43	谁养活谁	宋兴中 刘唯中 著	1948.9	初版	
44	刘志丹	董均伦 著 古元 插画	1948.9	初版	
45	小小故事	董均伦 著 沃渣 插画	1948.9	初版	
46	原动力	草明	1948.9	初版	文学战线创作丛书
47	人民的大学——华北联大介绍		1948.9	初版	平装本·精装本
48	妇女运动文献	罗琼	1948.9	再版	
49	地球和宇宙	陈大年	1948.9	再版	
50	青年文娱手册（第一辑）	东大学生会	1948.9	再版	
51	中国通史简编（上）	中国历史研究会	1948.9	再版	
52	美国是什么样的国家	东北书店 编	1948.9	再版	封底标注三版
53	苏联家庭婚姻与母性	斯维得洛夫 著 张亦名 译	1948.9	再版	
54	中国通史简编（上）		1948.9	再版	
55	柜中人（小喜剧）	马瑜 等	1948.10	初版	封底标注1948.11
56	九件衣（平剧）	崔牧	1948.10	初版	
57	中共中央东北局关于知识分子的决定		1948.10	初版	
58	不夜天	伊林 著 董纯才 译	1948.10	初版	
59	太平天国革命运动	范文澜	1948.10	再版	

序号	书名	作者	出版时间	版次	备注
60	列宁的母亲	高福纳托尔	1948.10	再版	
61	国家与革命	列宁	1948.10	再版	
62	思想方法论	马恩列斯	1948.10	再版	
63	湖南农民运动考察报告	毛泽东	1948.10	三版	
64	十万个为什么	伊林 著 董纯才 译	1948.10	三版	
65	苏联新五年计划		1948.10	三版	
66	从七七到八一五	李石涵	1948.10	四版	
67	新民主主义论	毛泽东	1948.10	五版	
68	新人生观	俞铭璜	1948.10	六版	
69	全世界革命力量团结起来反对帝国主义的侵略	毛泽东	1948.11	初版	
70	人民城市	陈戈 任虹 编剧	1948.11	初版	
71	幸福	仓夷	1948.11	初版	
72	国际知识读本	马皓	1948.11	初版	
73	目前教育的指针（第六集）	东北行政委员会	1948.11	初版	封底标注之三 东北教育丛刊
74	"左派的幼稚病"（第二章）	东北书店 编	1948.11	初版	干部学习材料
75	伟大的十月社会主义革命三十一周年纪念	莫洛托夫	1948.11	初版	
76	论国际主义与民族主义	刘少奇	1948.11	初版	
77	一个解放战士（歌剧）	田川 平章 丁毅	1948.11	初版	
78	论共产党员	刘少奇	1948.11	再版	
79	小小故事	董均伦	1948.11	再版	
80	半湾镰刀	董均伦	1948.11	再版	
81	把秧歌舞扭到上海去	苏苏	1948.11	再版	

续表

序号	书名	作者	出版时间	版次	备注
82	城市政策汇编		1948.11	再版	
83	解放区普通教育的改革问题	新教育会	1948.11	再版	人民教育丛书之一
84	解放区群众教育建设的道路	新教育会	1948.11	再版	人民教育丛书之二
85	战时苏联游记	史诺 著 孙承佩 译	1948.11	再版	
86	中国通史简编（中）		1948.11	再版	内版权页为 1948.10
87	向列宁学习工作方法	克鲁普斯卡娅	1948.11	再版	
88	斯大林与真理		1948.11	再版	
89	妻	卡达耶夫 著 朱葆光 译	1948.11	再版	
90	列宁的故事	考璐瑙夫	1948.11	再版	
91	"一二一""一二九"学生运动资料特辑	新民主主义青年团哈尔滨市团部	1948.11*	无版权	
92	关于中国职工运动当前任务的决议		1948.12	初版	
93	重要的问题在善于学习	陈伯达	1948.12	初版	
94	新的任务与新的力量		1948.12	初版	
95	十月革命的世界意义		1948.12	初版	
96	爱国主义与国际主义		1948.12	初版	
97	地球上生命的发生	奥巴林 著 毅风 译	1948.12	初版	
98	北方话新文字初级讲义	张雁	1948.12	初版	
99	中国革命战争的战略问题	毛泽东	1948.12	再版	
100	大时代的插曲	白刃	1948.12	再版	
101	喜报（演唱）	于永宽 鲁亚农 合著	1948.12	再版	
102	思想方法与学习方法	薛暮桥	1948.12	再版	

序号	书名	作者	出版时间	版次	备注
103	中国近代史（上编第一分册）	范文澜	1948.12	再版	内版权页为1948.11
104	论领导方法		1948.12	再版	
105	青年复仇记	温别格尔 愚卿 译	1948.12	再版	
106	人民不死	葛洛斯曼 著 林陵 译	1948.12	再版	苏联文学丛书之四
107	政治经济学	列昂节夫	1948.12	再版	内版权页为1948.8
108	社会科学概论		1948.12	四版	
109	中国共产党党章		1948.12	五版	
110	关于修改党章报告	刘少奇	1948.12	六版	
111	人民公敌蒋介石	陈伯达	1948.12	再版	内页标注为1949.2沈阳印刷
112	红领巾	米哈尔果夫 著 丁力红 译	1949.2	初版	内版权页为1949.1
113	花鼓（秧歌剧）	王卓 萧汀	1949.2	三版	
114	蒋贼的末日（独角戏）	苏东风	1949.3	初版	
115	赵顺清割皮带	黎蒙	1949.3	初版	
116	马德全立大功	黎蒙	1949.3	初版	内版权页为1949.1
117	马克思主义关于阶级与阶级斗争的理论		1949.3	初版	
118	唯物论与经验批判论	列宁 著 曹葆华 译	1949.3	再版	
119	胜利联唱	马可	1949.4	初版	
120	苦尽甜来	刘艺亭	1949.4	初版	
121	废铁炼成钢（歌舞剧）	蓝橙	1949.4	初版	
122	秋收歌舞	骆文 张凡 编剧 安波 曲	1949.4	初版	

续表

序号	书名	作者	出版时间	版次	备注
123	春耕互助（秧歌剧）	力鸣	1949.4	初版	
124	担水前后（秧歌剧）		1949.4	初版	
125	胜利年（花鼓演唱）	胥树人 萧丁	1949.4	初版	
126	白求恩与阿洛夫	周而复 方纪	1949.4	初版	
127	解放区散记	草明	1949.4	初版	
128	秧歌剧导演常识	力鸣	1949.4	初版	
129	五四运动与知识分子	章炼烽	1949.4	初版	
130	逃亡者	莱蒙托夫 著 梁启迪 译	1949.4	初版	
131	论列宁与列宁主义		1949.4	初版	
132	苏联企业中的劳动英雄	苏尔	1949.4	初版	
133	斯维托夫父子	托非摩瓦 等著 郑文 译	1949.4	初版	
134	游美印象记	爱伦堡 著 丁明节 译	1949.4	初版	
135	大家办合作（道情）	孙谦 等	1949.4	初版	内版权页 为1948.12
136	钢骨铁筋（四幕歌剧）	苏里 武照题 吴因集体创作	1949.4	初版	内版权页 为1948.12
137	实用生理卫生	林英 文彬如	1949.4	初版	内版权页 为1948.12
138	农民的乐园——集体农场	张少甫	1949.4	初版	内版权页 为1949.1
139	送子入关（歌剧）	朱漪 著 任虹 止怡 曲	1949.4	初版	内版权页 为1949.3 戏剧音乐 丛书之 十七
140	编剧知识	贾霁	1949.4	初版	内版权页 为1949.3

续表

序号	书名	作者	出版时间	版次	备注
141	企业管理中一个极其重要的改革		1949.4	初版	内版权页为1949.3 企业管理参考资料之一
142	满洲之战	安东诺夫 等著 新人 编译	1949.4	初版	内版权页为1949.3
143	近百年史话	黄祖英 等	1949.4	初版	内版权页为1949.3
144	战后美国	张一中	1949.4	初版	内版权页为1949.3
145	民间故事	合江鲁艺文工团 编 刘兰 插画	1949.5	初版	
146	社会发展简史	解放社	1949.5	初版	干部必读文件 内标注：再版
147	苏联的大学	英文研究会 编译	1949.5	初版	
148	苏联的文学	高尔基 著 曹葆华 译	1949.5	初版	
149	苏联人（诗集）	亚洛夫 等著 付克 译	1949.5	初版	
150	灯塔（诗集）	玛耶可夫斯基 等著	1949.5	初版	
151	中国新文字概论	张雁	1949.5	初版	内版权页为1948.12
152	基本群众	井岩盾	1949.5	初版	内版权页为1949.4 文学战线创作丛书
153	论赵树理的创作	周扬	1949.5	初版	内版权页为1949.4
154	论新道德	加里宁 等著	1949.5	初版	内版权页为1949.4

续表

序号	书名	作者	出版时间	版次	备注
154	星	卡扎克维奇 著 王溪 译	1949.5	初版	内版权页为 1949.4 文学战线翻译丛书
155	妈妈同志	管桦	1949.5	初版	内版权页为 1949.4
156	捉害虫（秧歌剧）	苏东风 编剧 张树田 曲	1949.6	初版	内版权页为 1949.4
157	劳动保险文献	东北职工总工会会	1949.6	初版	内版权页为 1949.5 职工丛书之三

东安印刷出版物

序号	书名	作者	出版时间	版次	备注
1	凤蝶外传	董纯才	1947.4	再版	
2	列宁主义基础	斯大林	1947.4	翻印	
3	妻	卡达耶夫 著 朱葆光译	1947.5	翻印	
4	水	陈大年	1947.5	再版	少年科学读物
5	李勇大摆地雷阵	邵子南	1947.5	再版	
6	社会发展史略		1947.5	再版	
7	中国史话	许力群	1947.5		
8	地球和宇宙	陈大年	1947.5	再版	少年科学读物
9	马克思主义与文艺	周扬	1947.5	翻印	
10	苏联红军英雄故事	瓦希列夫斯卡	1947.5		
11	战时苏联游记	史诺 著 孙承佩 译	1947.5		
12	列宁论文化与艺术	萧三 编译	1947.5	再版	
13	列宁主义问题	斯大林	1947.5	翻印	
14	思想方法论	解放社	1947.5	翻印	
15	母	高尔基 著 孙光瑞 译	1947.5	翻印	平装本·精装本
16	腐蚀	茅盾	1947.6	再版	
17	论持久战	毛泽东	1947.6	再版	
18	丰收	叶紫	1947.6		
19	毛泽东同志论新民主主义的文化教育	新教育学会 编	1947.6		
20	西洋哲学史简编	王子野 译	1947.6	翻印	
21	辩证唯物论与历史唯物论基本问题（第一分册）	博古 编译	1947.6	翻印	

续表

序号	书名	作者	出版时间	版次	备注
22	辩证唯物论与历史唯物论基本问题（第二分册）	博古 编译	1947.6	翻印	
23	辩证唯物论与历史唯物论基本问题（第三分册）	博古 编译	1947.6	翻印	
24	辩证唯物论与历史唯物论基本问题（第四分册）	博古 编译	1947.6	翻印	
25	辩证唯物论与历史唯物论基本问题（精装合订）	博古 编译	1947.6		
26	收割（秧歌剧）	胡零编 陈紫曲	1947.7		鲁艺创作丛书之三
27	时事两面观	邢肇棠	1947.7		
28	干活好（秧歌剧）	寄明 等	1947.7		
29	共产主义运动中的"左派"幼稚病	列宁	1947.7		
30	秧歌剧选集（一）	张庚 编	1947.7	再版	新文艺丛书之四 版权页标注为1947.9
31	秧歌剧选集（二）	张庚 编	1947.7	再版	新文艺丛书之五 版权页标注为1947.9
32	秧歌剧选集（三）	张庚 编	1947.7	再版	新文艺丛书之六 版权页标注为1947.9
33	炼狱杂忆	一青	1947.8		"上饶集中营"续篇
34	经济问题与财政问题	毛泽东	1947.9	翻印	
35	演剧教程	天蓝 曹葆华 译	1947.9		由其发行，新演剧丛书之二
36	秧歌论文选集	艾思奇	1947.9		由其发行，新演剧丛书之三

序号	书名	作者	出版时间	版次	备注
37	整风文献（订正本）	解放社	1947.9	再版	
38	论公营工厂	邓发 等	1947.9	再版	
39	解放区短篇创作选（第一辑）	周扬	1947.9	再版	新文艺丛刊之一
40	共产党宣言（校正本）	博古 译	1947.9		由其发行
41	卡尔·马克思	博古 译	1947.9		由其发行
42	马克思主义与民族问题	斯大林	1947.9		
43	苏联文艺方向的新问题	东北书店 编	1947.9		
44	社会民主党在民主革命中的两个政策	列宁	1947.9		由其发行
45	论马恩列斯	解放社	1947.9		平装本·精装本
46	近代史教程（第一分册）	苏联科学院	1947.9		平装本·精装本
47	毛泽东同志在文艺座谈会上的讲话	毛泽东	1947.10		封底标注1947.9
48	鲁迅思想研究	何干之	1947.10		
49	李国瑞（剧本）	杜烽	1947.10		
50	美国是什么样的国家	杜松如 等	1947.10		
51	论解放区战场	朱德	1947.10		内版权页标注1947.9
52	我是劳动人民的儿子	卡达耶夫 著 曹靖华 译	1947.10		
53	政治经济学	列昂节夫	1947.10	再版	精装本

牡丹江分店出版物

序号	书名	作者	出版时间	版次	备注
1	新歌曲（第一集）	鲁迅文艺工作团	1947.6		
2	牢笼计	侣朋	1947.6		
3	永安屯翻身（三幕新歌剧）	鲁迅文艺工作团集体创作 张庚 胡零 执笔	1947.6		
4	新美术论文集（第一集）	沃渣 等	1947.6		新文艺丛刊之七 内标注 1947.8
5	铁流（大众本）	周文 改编	1947.6		内标注 1947.12
6	谁沾光（歌舞剧）	吕朋 编剧	1947.7		
7	有事与群众商量	陈伯达	1947.7		
8	归队（秧歌剧）	鲁虹 萧汀 编剧	1947.8		
9	杨桂香鼓词	陶纯	1947.8		
10	参军（秧歌剧）	胡零 莊严 滁心 编剧	1947.8		
11	地主发家史		1947.9		
12	中国现代革命运动史		1947.9		
13	二个胡子（歌剧）	胡零 陈紫 张为 编剧	1947.11		
14	都是一家人（歌剧）	固敏	1947.11		
15	现代民谣民歌选（插图本）	李石涵	1947.11		
16	杨怀英（鼓词）	王树萍	1947.11		
17	农村调查	毛泽东	1947.12		
18	新人生观	俞铭璜	1947.12		
19	社会科学基础教程		1948.1		
20	一笔总账		1948.1		
21	七斗王把头	关寄晨	1948.3		

序号	书名	作者	出版时间	版次	备注
22	土地改革中的几个问题	任弼时	1948.3		
23	山西崞县是怎样进行土地改革的		1948.3		
24	领导群运按照正确的路线向前发展		1948.4		
25	致顾格曼博士书信集	卡尔.马克思 天蓝译	1948.4		
26	城市群众工作研究	张烈	1948.5		
27	红头巾	候唯动	1948.7		
28	黄河两岸的鹰形地带	候唯动	1948.7		
29	诗学	亚里士多德 天蓝 译	1948.7		
30	整风文选		1948.9		
31	中国土地法大纲		无版权		
32	目前形势与我们的任务	毛泽东	无版权		
33	中国共产党党章教材		无版权		
34	什么是资本主义	朱德华	无出版 日期		

齐齐哈尔分店出版物

序号	书名	作者	出版时间	版次	备注
1	翻身歌集	嫩江民间文艺研究会	1948.1		
2	整顿党的队伍与平分土地文献		1948.1		
3	翻身歌唱	金汤 编	1948.3	再版	
4	土地改革中的几个问题和三个典型经验		1948.4		
5	中国革命与中国共产党	毛泽东	1948.4	再版	
6	怎样分析阶级——一九三三年的两个重要文件		1948.6		

北安分店出版物

序号	书名	作者	出版时间	版次	备注
1	建党文集		1948.5		
2	政策指示汇编（第一辑）		1948.5		
3	政策指示汇编（第二辑）		1948.7		
4	政策指示汇编（第三辑）		无版权		
5	政策指示汇编（第四辑）		无版权		
6	政策指示汇编（第五辑）		无版权		

长春印刷出版物

序号	书名	作者	出版时间	版次	备注
1	关于东北解放区民主政权建设总结	林枫	1948.12	初版	
2	福贵	赵树理	1949.1	再版	
3	米（歌剧）	骆文 张凡	1949.1	初版	
4	机械工程手册	夏廷干	1949.1	初版	
5	识字课本（第二册）	东北行政委员会教育部	1949.1	初版	
6	目前的形势和我们的任务	解放社	1949.2	初版	
7	罗马尼亚人民共和国宪法		1949.2	初版	
8	苏联的宪法（根本法）		1949.2	初版	
9	战伤治疗技术	白求恩	1949.3	初版	
10	列宁与文学及其他	陈学昭 译	1949.3	初版	
11	黑白	董纯才 译	1949.3	初版	
12	电影编导简论	阮潜	1949.3	初版	
13	列宁选集Ⅰ		1949.3	初版	
14	论自我批评	叶群 等译	1949.3	三版	整党参考材料之三
15	中国现代史大纲及参考书目	现代史研究会	1949.3	初版	
16	长征故事		1949.3	三版	
17	野兽求和（歌舞活报剧）	周方	1949.3	初版	
18	中国学生的当前任务		1949.4	初版	
19	新的气象新的生活	刘思让	1949.4	初版	
20	革命少年之家——新安旅行团	范政	1949.4	初版	
21	纪念与回忆	魏东明	1949.4	初版	
22	中原突围记	徐敏	1949.4	初版	
23	打虎记	那沙	1949.4	初版	
24	军中记事	西虹	1949.4	初版	

序号	书名	作者	出版时间	版次	备注
25	一支运粮队	洪林	1949.4	初版	
26	红旗	刘白羽	1949.4	初版	文学战线丛书
27	生死斗争	陆地	1949.4	初版	文学战线丛书
28	最后的渣滓	洪荒	1949.4	初版	
29	论联合政府	毛泽东	1949.4	三版	
30	一九四八年的时事漫画	华君武	1949.4	初版	
31	朱保全生产（歌剧）	刘莎 编 止怡 曲	1949.4	初版	戏剧音乐丛书十八
32	鲁迅思想研究	何干之	1949.4	三版	
33	中国通史讲话	陈怀白	1949.4	初版	
34	从九一八到七七		1949.4	再版	
35	中国共产党党章		1949.4	六版	
36	中国近代简史		1949.4	六版	
37	新文字北方音拼音课本	张雁 编	1949.4	初版	
38	新文字北方音拼音课本指导书	张雁 编	1949.4	初版	
39	怎样战胜天灾	席凤洲	1949.4	初版	
40	庄稼的祖先	李俊	1949.4	初版	
41	倒糊涂（独幕歌剧）	雪立 编 肖民 曲	1949.4	初版	
42	怎样过民主生活	甄旅	1949.4	再版	青年知识丛书之二
43	东北的地方病	东北行政委员会卫生部	1949.4	初版	大众卫生小丛书之七
44	怎样向百日咳斗争	东北行政委员会卫生部	1949.4	初版	大众卫生小丛书之八
45	麻疹花鼓	东北行政委员会卫生部	1949.4	初版	大众卫生小丛书之九

续表

序号	书名	作者	出版时间	版次	备注
46	捉老鼠（儿童剧）	霍希扬 继云编 寄明 曲	1949.4	初版	
47	诺曼城的神枪手	潘捷列夫 等著 江秋 等译	1949.4	初版	
48	不走正路的安得伦	捏维洛夫 著 曹靖华 译	1949.4	初版	
49	掌握布尔塞维克领导经济的方法	古萨列夫 著	1949.4	初版	
50	捷克斯拉夫战后工业发展与两年计划	陈佩明 译	1949.4	初版	
51	列宁生平事业简史	马恩列斯学院 编	1949.4	初版	
52	回忆马克思	拉发格 等著	1949.4	初版	
53	论列斯创造的社会主义政治经济学	列昂节夫 著 施滨 译	1949.4	初版	
54	科学与文化为和平进步民主奋斗	法捷耶夫	1949.4	初版	
55	苏联红军三十年		1949.4	初版	
56	封建主义	柯斯明斯基	1949.4	初版	
57	论布尔塞维克的原则性	斯列波夫 等著	1949.4	初版	
58	论战略反攻	塔林思基	1949.4	初版	
59	法西斯德国军事思想与军事学派的破产	朱布可夫	1949.4	初版	
60	火箭炮的历史及前途	古列索夫	1949.4	初版	
61	共产主义与民族主义	斯大林	1949.4	初版	
62	共产主义的人生观		1949.4	初版	
63	列宁选集 I（精装本）		1949.4	再版	
64	列宁选集 XVI		1949.4	初版	
65	列宁选集 XVI（精装本）		1949.4	再版	
66	社会主义从空想到科学的发展		1949.4	初版	
67	一个战士	沙丹	1949.5	初版	
68	盼八路（秧歌剧）	力鸣 编 孙廉 曲	1949.5	初版	

序号	书名	作者	出版时间	版次	备注
69	廉颇蔺相如（平剧本）	陈德明	1949.5	初版	
70	二流子转变	王肯 执笔	1949.5	初版	
71	信不得	刘相如 编 大波 曲	1949.5	初版	
72	腐蚀	茅盾	1949.5	三版	
73	暴风骤雨（下）	周立波	1949.5	初版	
74	百战百胜（歌剧）	鲁亚农 作 止怡 曲	1949.5	初版	戏剧音乐丛书十六
75	江山村十日	马加	1949.5	初版	文学战线创作丛书
76	踏破辽河千里雪	华山	1949.5	初版	文学战线创作丛书
77	自然的改造者	愚农 译	1949.5	初版	青年知识丛书之六
78	十个歼灭性的突击	查玛金	1949.5	初版	
79	钢铁是怎样炼成的（通俗本）	中耀 改编	1949.5	初版	
80	经济工作手册		1949.5	初版	
81	矿山变灾	东政委工业部煤矿管理局	1949.5	初版	
82	矿山卫生	东政委工业部煤矿管理局	1949.5	初版	
83	论群众路线		1949.5	初版	
84	共产国际纲领		1949.5	初版	
85	苏俄刑法	张君悌 译	1949.5	初版	法学丛书之一
86	苏俄刑事诉讼法	张君悌 译	1949.5	初版	法学丛书之二
87	哥达纲领批判	马克思	1949.5	初版	马恩丛书之十
88	共产党宣言	马克思 恩格斯	1949.5	初版	干部必读文件

续表

序号	书名	作者	出版时间	版次	备注
89	列宁主义基础	列宁	1949.5	再版	干部必读文件
90	左派的幼稚病		1949.5	初版	干部必读文件
91	思想方法论		1949.5	再版	干部必读文件
92	两个血的历史教训——【闯王进京】【太平天国】	吕永轩	1949.6	初版	
93	结果怎么样	刘青 执笔	1949.6	初版	青年知识丛书之三内页标注之七
94	什么人应负战争责任	新华社	1949.6	初版	
95	谁劳动是谁的	沙丹 李牧	1949.6	初版	
96	论马恩列斯	解放社	1949.6	初版	
97	马克思主义与美国"例外论"	威廉·福斯特	1949.6	初版	

辽北分店出版物

序号	书名	作者	出版时间	版次	备注
1	闹生产（花鼓）	夏彬	1948.4	初版	
2	在晋绥会干部会议上的讲话	毛泽东	1948.5	初版	
3	东北局关于平分土地运动的基本总结		1948.5	初版	
4	两个重要文件		1948.6	初版	
5	什么是共产党？（新共产党员读本）		1948.7	初版	
6	拥护共产党		1948.8	初版	
7	修养指南		1948.8	三版	青年修养丛书之一
8	政学系·民社党·青年党介绍		1948.8	初版	
9	鸭绿江歌声（三·四集）	辽北文化协会 编	1948.8	初版	
10	中国共产党党章教材		1948.9	初版	
11	论领导方法		1948.9	初版	
12	人民解放战争两周年总计和第三年的任务		1948.9	初版	干部学习材料
13	什么是共产党？（共产党员常识三十讲）		1948.10	增订版	

辽宁分店出版物

序号	书名	作者	出版时间	版次	备注
1	欢天喜地（新秧歌）	蔡天心 江帆	1948		
2	秧歌剧及小演唱	辽宁文协	1948.4	初版	
3	医学常识		1948.4	再版	
4	中共中央关于土改与整党指示和典型经验介绍	辽宁文化协会 编	无版权		干部重要学习材料第六集
5	思想指南文摘		1948.4	翻印	干部重要学习材料第七集
6	目前形势和我们任务在晋绥干部会议上的讲话东北局关于平分土地运动的基本总结		1948.5		干部学习材料
7	土改整党学习材料		1948.5	初版	干部学习材料
8	论党员在组织纪律上的修养		1948.5	初版	
9	生产运动参考材料		1948.6	初版	干部学习材料
10	中共中央关于一九四八年土地改革工作和整党工作指示		1948.6	初版	干部学习材料
11	各解放区劳动互助经验介绍		1948.7		生产运动学习材料
12	布尔塞维克成功底基本条件之一		1948.7		干部学习材料
13	鸭绿江歌声（第一集）	辽宁文化协会			
14	鸭绿江歌声（第二集）	辽宁文化协会			
15	鸭绿江歌声（第一·二集）	辽宁文化协会	1948.8		
16	新人生观	俞铭璜	1948.8		
17	中国共产党党章		1948.9		
18	信不得（秧歌剧）	刘相如编	1948.10		
19	论联合政府	毛泽东	1949.2	翻印	

序号	书名	作者	出版时间	版次	备注
20	群众歌集（第二集）	白山文艺工作委员会	1949.2		
21	一封信	刘相如 等	1949.2		戏剧小丛书之二
22	马恩全	白山文委会集体创作	1949.2		戏剧小丛书之三
23	喜	白山文委会集体创作	1949.2		戏剧小丛书之四
24	金不换	白山文委会集体创作	1949.2		戏剧小丛书之五
25	互助	白山文委会集体创作	1949.3		戏剧小丛书之六
26	目前形势和我们的任务		1949.3	翻印	
27	开荒	白山文委会集体创作	1949.4		戏剧小丛书之七
28	大苞米	白山文委会集体创作	1949.4		戏剧小丛书之八
29	铺家底	白山文委会集体创作	1949.4		戏剧小丛书之九
30	焕然一新	白山文委会集体创作	1949.4		戏剧小丛书之十
31	新民主主义论	毛泽东	1949.4		
32	整风文献	解放社	1949.4		
33	中国革命基本问题		1949.4		
34	论领导方法		1949.4		
35	儿女英雄	白山文委会集体创作	1949.5		戏剧小丛书之十一
36	赶上他	白山文委会集体创作	1949.5		戏剧小丛书之十二
37	中国解放区的儿童	全国妇女联合会筹备委员会	1949.5		
38	中国解放区妇女参战运动	全国妇女联合会筹备委员会	1949.5		

序号	书名	作者	出版时间	版次	备注
39	中国解放区妇女运动文献	全国妇女联合会筹备委员会	1949.5		
40	中国解放区农村妇女翻身运动素描	全国妇女联合会筹备委员会	1949.5		
41	洛杉矶幼儿园	全国妇女联合会筹备委员会	1949.5		
42	新社会新女工	全国妇女联合会筹备委员会	1949.5		
43	马恩列斯论妇女解放	全国妇女联合会筹备委员会	1949.5		
44	中国革命与中国共产党	毛泽东	1949.6		
45	全世界革命力量团结起来反对帝国主义的侵略	毛泽东	无版权		
46	论国际主义与民族主义	刘少奇	无版权		
47	时事文选		无版权		
48	任弼时同志在青年团代表大会上的政治报告		无版权		干部学习材料
49	中共中央东北局关于知识分子的决定	辽宁教育厅 编	无版权		
50	冬学生产课本	东北政委会教育部	无版权		
51	关于修改党章的报告	刘少奇	无版权		

沈阳印刷出版物

序号	书名	作者	出版时间	版次	备注
1	打黄狼（民间传说）	王亚平	1949	初版	大众文艺小丛书
2	新民主主义论	毛泽东	1949.1	六版	
3	妇女工作手册	东北书店 编	1949.1	初版	
4	中国革命与中国共产党	毛泽东	1949.2	八版	
5	中国共产党党章教材		1949.2	六版	
6	关于知识分子问题	东北书店 编	1949.2		
7	进军沈阳	常工	1949.3	初版	
8	论农民问题	陈伯达	1949.3	初版	社会科学读本
9	关于萧军及其文化报所犯错误的批评	刘芝明	1949.3		
10	关于知识分子问题	东北书店 编	1949.3		
11	夫妻谈生产（大众文娱集之一）	潘洋	1949.3	初版	胶东文协主编
12	进步乐（鼓词集之一）	季良	1949.3	初版	胶东文协主编
13	关于修改党章报告	刘少奇	1949.3	七版	
14	思想方法与学习方法	薛暮桥	1949.3	再版	读书笔记
15	中国法西斯特务真相		1949.3	再版	
16	职工运动文献（3）		1949.3	初版	
17	职工运动文献（4）		1949.3	初版	
18	列宁与斯大林的故事		1949.3	初版	
19	青年修养	程今吾	1949.4		内标注1949.3
20	你拥护苏联还是反对苏联	库西宁 著 周砚姚周杰 译	1949.4	初版	青年知识丛书之五内标注1949.3

续表

序号	书名	作者	出版时间	版次	备注
21	新民主主义论	毛泽东	1949.4	八版	
22	没有克服不了的困难	郭更	1949.4	初版	
23	五四运动与知识分子道路	陈伯达	1949.5		
24	如何贯彻东北全党的转变		1949.5	初版	
25	光荣夫妻（秧歌剧）	左林	1949.5	初版	
26	论职工会	东北职工总工会 编	1949.5	初版	职工丛书之一
27	怎样管理工厂	东北职工总工会 编	1949.5	初版	职工丛书之二
28	燃烧与爆炸	谢妙诺夫 著毅风 译	1949.5	出版	通俗科学读物
29	列宁论青年的学习问题		1949.5	初版	
30	无政府主义还是社会主义	斯大林 著曹葆华 译	1949.6		内标注1949.5
31	群众创作选集	江帆 罗立韻 编	1949.6	初版	
32	献器材（秧歌剧）	刘相如 编剧于大波 作曲	1949.6	初版	
33	金戒指（歌剧）	雪立编剧纯仁作曲	1949.6	初版	

安东分店出版物

序号	书名	作者	出版时间	版次	备注
1	思想指南		1948.4	再版	
2	共产党员课本	东北局宣传部 编	1948.7	再版	
3	中国共产党党章		1948.9	翻印	
4	关于修改党章报告	刘少奇	1948.9	翻印	
5	中国共产党党章教材		1948.10	重版	
6	共产党宣言	博古 译	1948.10		
7	翻身道理		1948.11		
8	翻身道理（第二集）		1948.12		
9	政治经济学（平装·精装）	列昂节夫	1948.12		内标注 1948.11
10	论党内斗争	刘少奇	1948.12	翻印	
11	论教育工作	安东省委	1948.12		
12	论教育工作（之二）	安东省委	1948.12		
13	春节娱乐材料（1）		1948.12		
14	中国共产党年表（附）毛泽东自传	史诺 著 汪衡 译	1949.1	翻印	内标注 1948.12
15	中国革命与中国共产党	毛泽东	1949.2	再版	封底误印为 1946.2
16	简明中国通史（上册）	吕振羽	1949.3	初版	
17	简明中国通史（下册）	吕振羽	1949.3	初版	
18	中国近代政治简史	军大总校政治部	1949.3	翻印	内标注 1949.2
19	通俗社会科学二十讲	曹伯韩	1949.3	翻印	
20	中国革命运动简史		1949.3	翻印	
21	等待着天明	帕达尔卡 著 刘崇庆译	1949.3	初版	
22	从七七到八一五	李石涵	1949.3	翻印	
23	新民主主义论	毛泽东	1949.3	翻印	

续表

序号	书名	作者	出版时间	版次	备注
24	人民公敌蒋介石	陈伯达	1949.3	翻印	
26	社会科学基础教程	杨松 陈伯达 等	1949.3	翻印	
27	什么是阶级	蒋仁	1949.3	翻印	
28	知识分子的任务与出路	于毅夫	1949.3	再版	
29	共产主义的人生观		1949.3	再版	
30	文艺工作论文集	毛泽东 等	1949.4		
31	中国近代史讲话	韩启晨	1949.4	翻印	
32	纪念日资料	生活杂志社 编	1949.5		内标注 1949.4
33	钢骨铁筋（歌剧）		1949.5		
34	红五月纪念日资料		1949.5		
35	助产常识		无版权		
36	国际形势		无版权		干部学习材料之十二
37	时事文选		无版权		干部学习材料
38	苏联学校教育讲座	索柯洛夫 作 小英 译			

辽东总分店出版物

序号	书名	作者	出版时间	版次	备注
1	简谱音乐讲话	俞平 编	1949.5		封底出版地为"沈"
2	姊妹比赛	白山文委会集体创作	1949.5	初版	戏剧小丛书十三
3	中国革命运动史	中国近代史研究会	1949.6		内标注1949.5
4	共产主义常识		1949.6		内标注1949.5
5	信不得（秧歌剧）	刘相如	1949.6	翻印	
6	换工插犋	安东省文工团改编	1949.6	初版	工农文艺丛书 戏剧类之一
7	科学小常识		1949.6	初版	
8	怎样带小孩	渤海妇联	1949.6	翻印	
9	六畜平安书	若望	1949.6	翻印	
10	什么人应负战争责任		1949.6	出版	
11	论新道德	加里宁雅罗斯拉夫基	1949.6	初版	
12	苏联的金融和财政	启明 等	1949.6	初版	
13	三十年来的苏维埃文化（数字与事实）	刘崇庆	1949.6	初版	
14	助产常识		1949.6	再版	
15	中国政治思想史（第一分册）	吕振羽	1949.6	初版	
16	中国政治思想史（第二分册）	吕振羽	1949.6	初版	
17	中国政治思想史 精装合订本	吕振羽	1949.6	初版	
18	中国历史读本	叶蠖生	1949.6		

大连分店出版物

序号	书名	作者	出版时间	版次	备注
1	中国共产党党章		1949.3	再版	平装·精装
2	共产党宣言	博古 译	1949.3	再版	
3	新人生观	俞铭璜	1949.3	初版	第五版改写本
4	新民主主义青年团		1949.3	初版	学习材料
5	关于修改党章的报告	刘少奇	1949.3	再版	
6	目前形势和我们的任务	解放社	1949.3	初版	
7	生理化学	李震勋 编译	1949.3	出版	医学丛书之一
8	中国共产党党章		1949.4	三版	
9	中国共产党党章		1949.4	四版	
10	论共产党员的修养	刘少奇			干部学习丛书之四
11	中国共产党党章教材		1949.4	初版	
12	中国革命与中国共产党	毛泽东	1949.4	三版	干部学习丛书之九
13	共产主义的人生观		1949.4	初版	
14	什么人应负战争责任		1949.4	初版	
15	新民主主义青年团		1949.4	再版	学习材料
16	苏联各加盟共和国介绍	林平	1949.4	初版	
17	马列主义文献介绍	彭聪 编译	1949.4	初版	
18	斗争还没有完结	里别进思基 著 黄叶 改写	1949.4	初版	"一周间"通俗本
19	商业簿记	王凤来	1949.4	初版	
20	中国共产党党章		1949.5	五版	
21	匪将就擒记		1949.5	初版	
22	萧军思想批判	刘芝明 张如心等	1949.5	初版	
23	一条皮带（戏剧一）	旅大文工团	1949.5	初版	旅大文协丛书之一

续表

序号	书名	作者	出版时间	版次	备注
24	一只手的功臣（戏剧二）	旅大文工团	1949.6	初版	旅大文协丛书之二
25	师徒关系（戏剧三）	雅俊	1949.6	初版	旅大文协丛书之三
26	二毛立功（戏剧四）	王水亭	1949.6	初版	旅大文协丛书之四
27	中国共产党党章		1949.6	六版	
28	青年团的任务与工作	冯文彬	1949.6	初版	青年知识丛书之二
29	人民公敌蒋介石	陈伯达	1949.6	初版	
30	战后苏联经济建设	林平	1949.6	初版	
31	战后苏联和平外交政策	羊兵	1949.6	初版	
32	如何贯彻东北全党的转变		1949.6	初版	
33	洛杉矶托儿所	沈元晖	1949.6	初版	
34	新社会的新婚姻	旅大妇联总会	1949.6	初版	
35	人民的护士	旅大妇联总会	1949.6	初版	
36	波波瓦报告——国际妇女大会总结	旅大妇联总会	1949.6	初版	

附录二：

东北书店样书图录

1945
/
1949

早期
出版物

1946 年 ▶

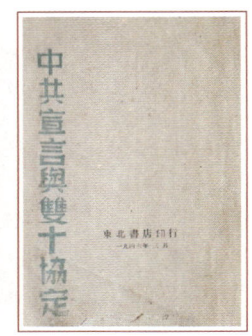

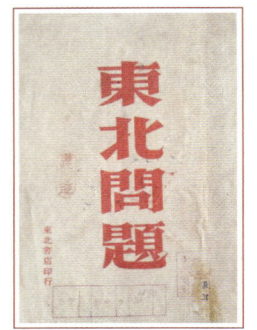

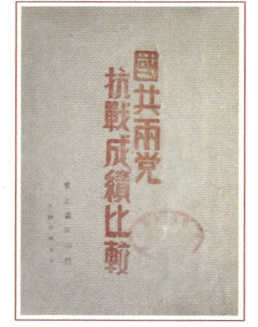

佳木斯
印刷出版物

1946 年 ▶

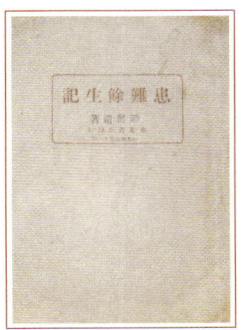

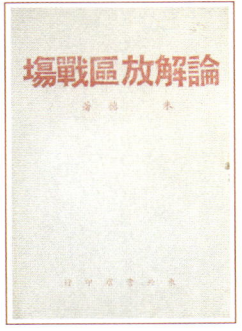

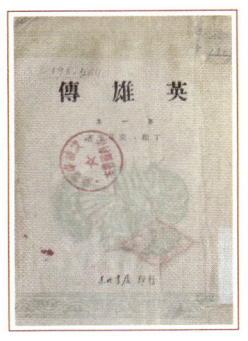

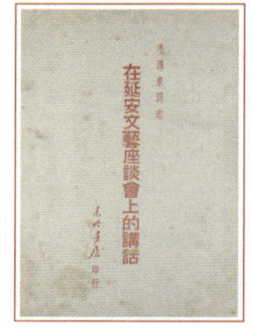

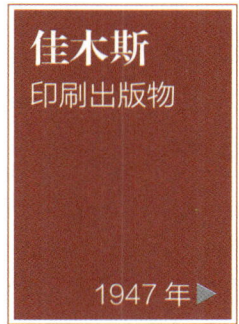

佳木斯
印刷出版物

1947 年 ▶

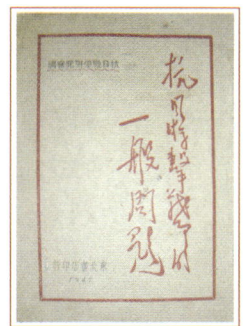

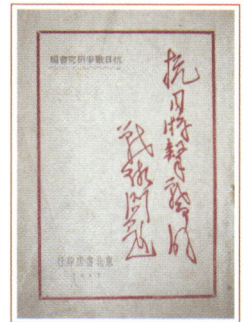

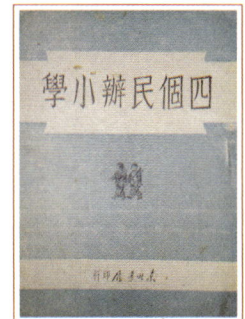

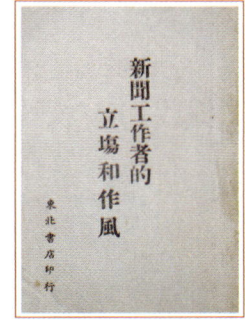

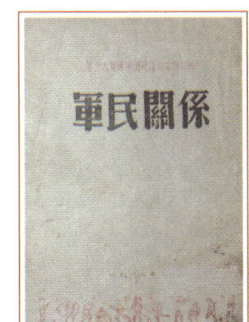

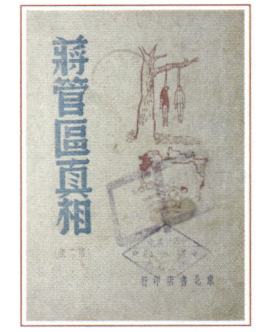

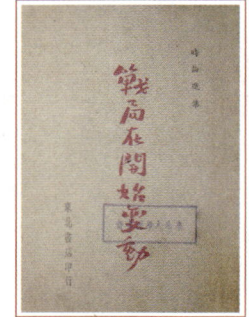

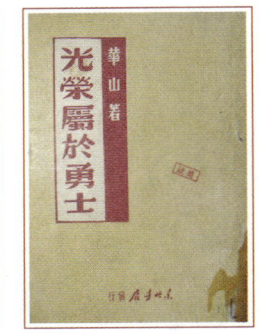

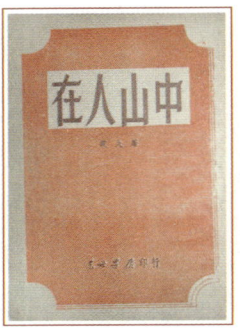

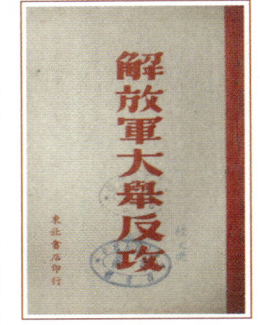

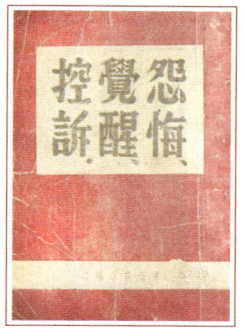

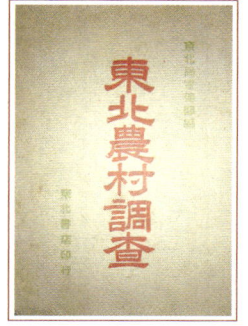

佳木斯
印刷出版物

1948—
1949 年 ▶

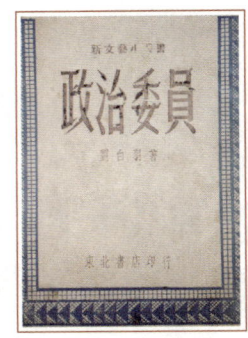

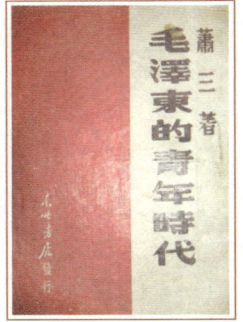

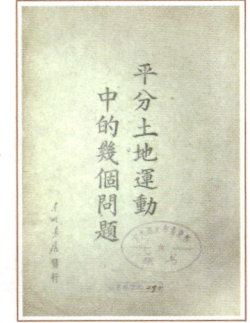

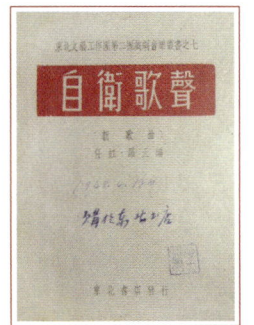

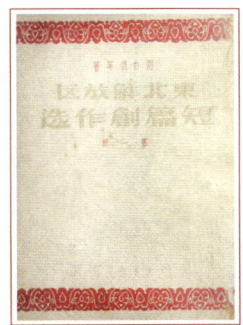

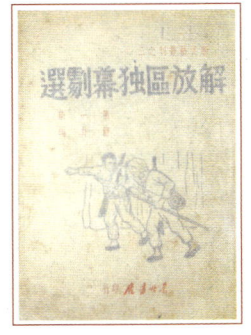

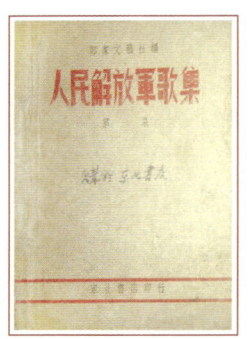
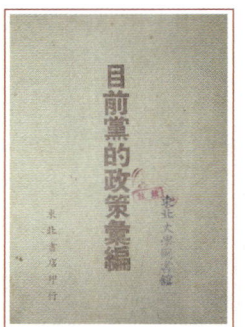

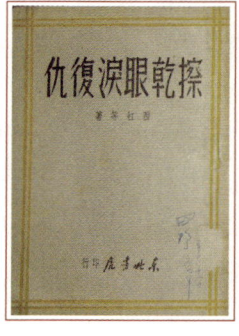

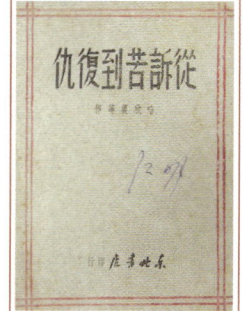

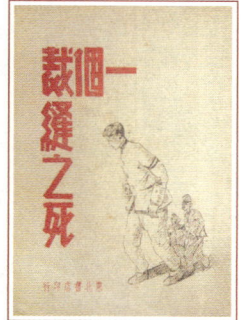

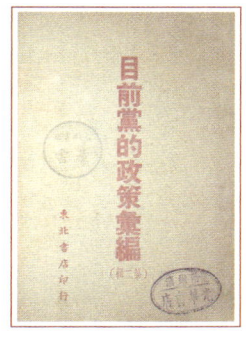

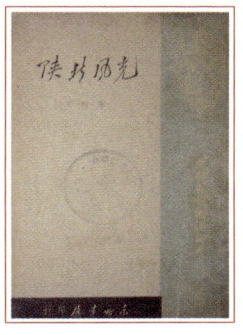

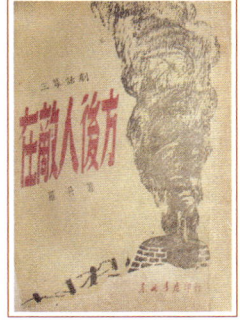

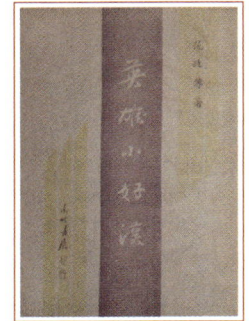

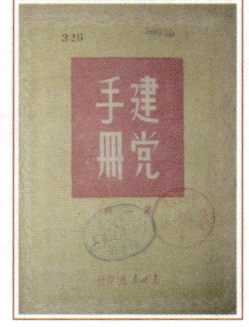

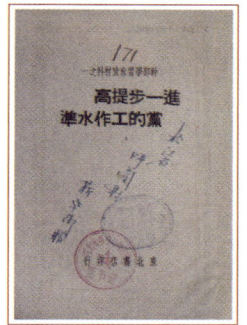

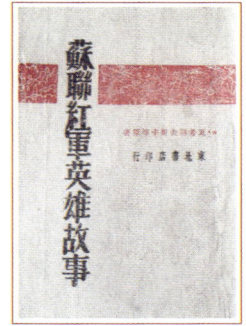

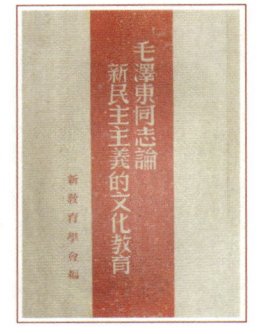

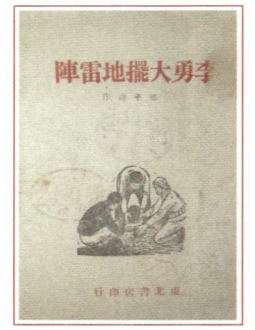

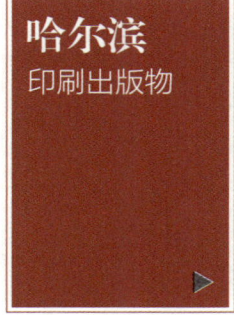
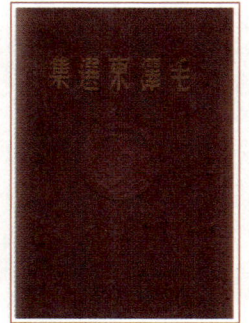

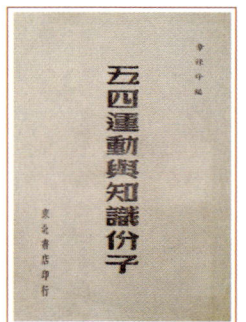

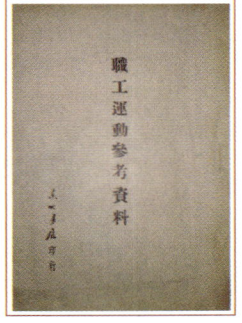

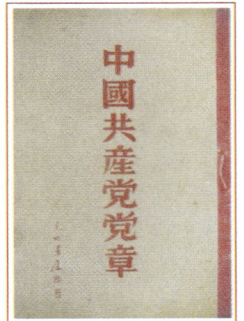

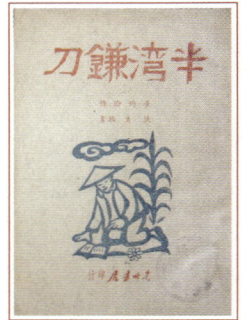

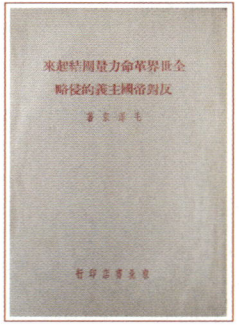

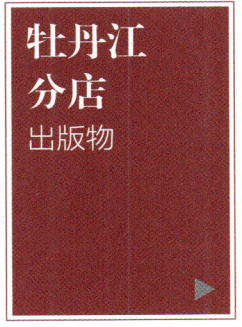

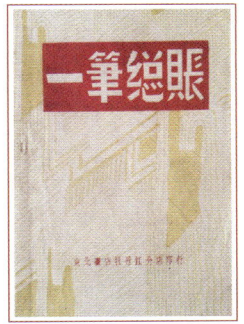

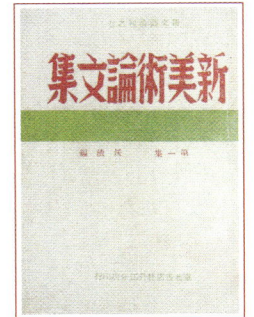

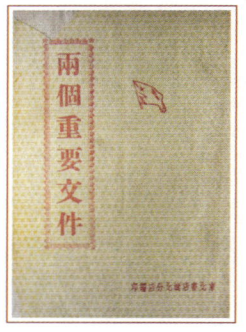

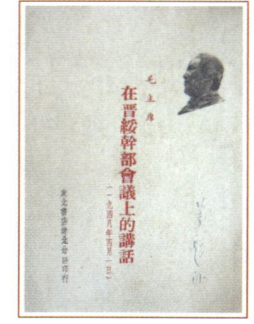
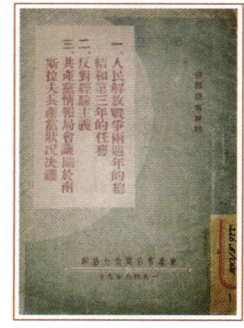

齐齐哈尔分店
出版物

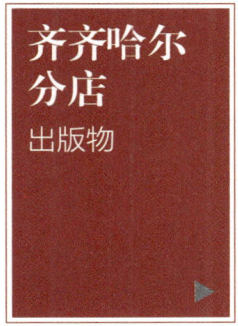
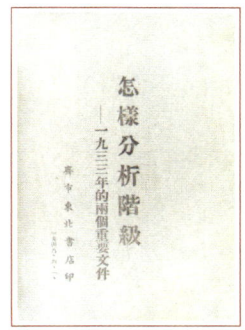
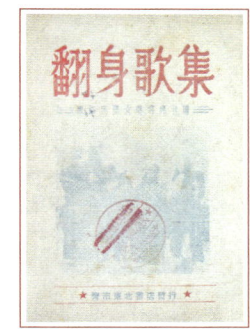
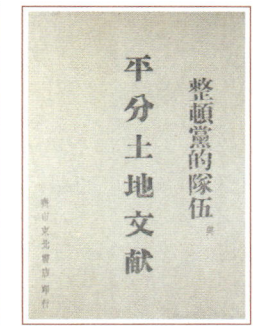

北安分店
出版物

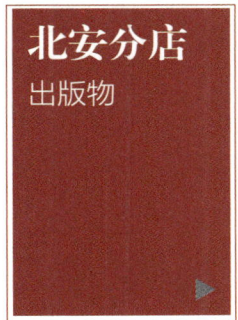

长春
印刷出版物

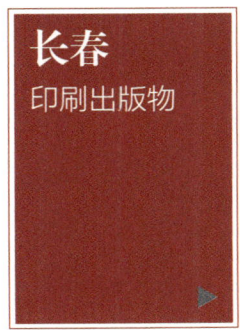
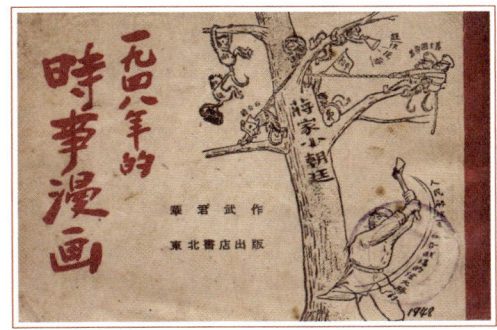
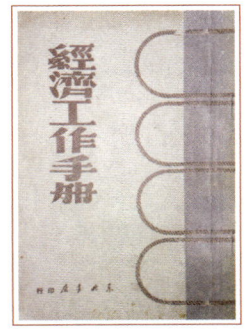

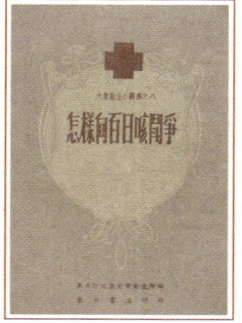
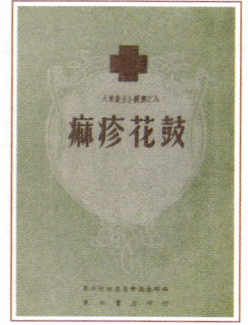

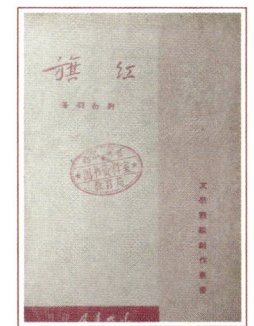

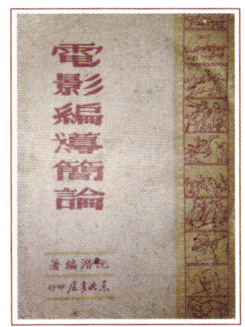

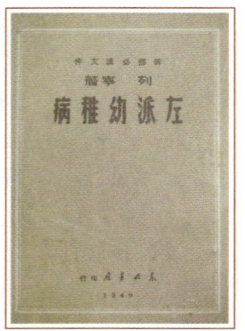

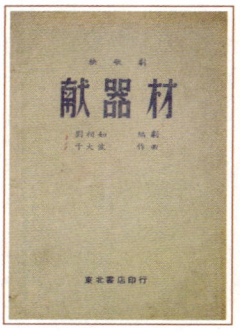

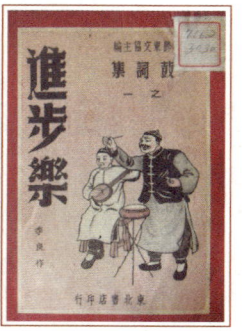

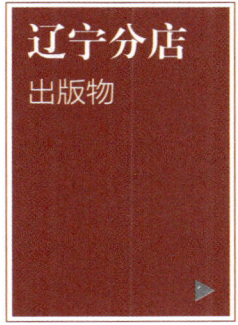

辽宁分店
出版物

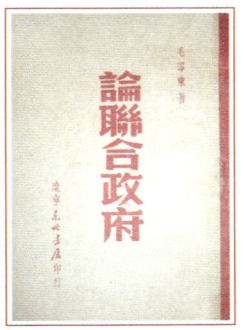

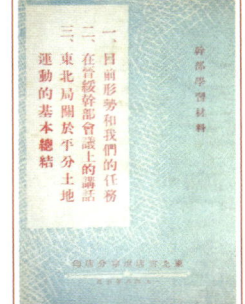

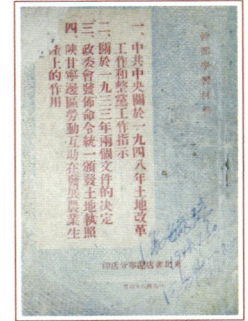

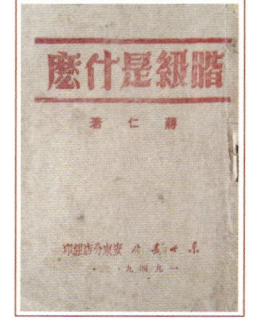

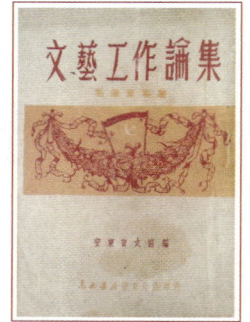

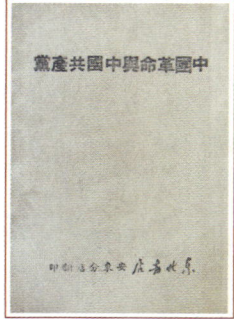

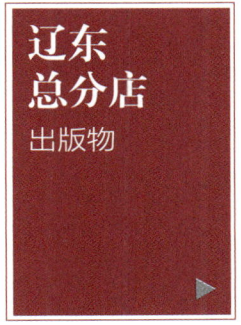

辽东
总分店
出版物

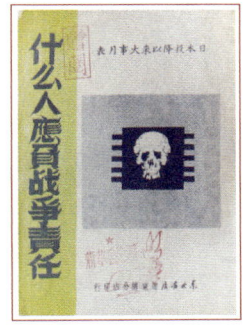

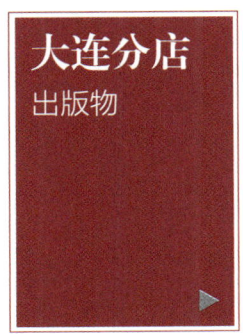

大连分店
出版物

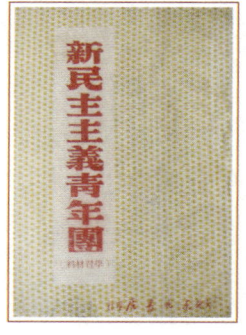

后　记

　　随着时光的流逝，东北书店作为中共中央东北局领导下，集书刊编辑、出版、印刷、发行于一体，东北解放区内最大的宣传机构，如一颗光闪的石子沉入历史的长河之中。今天我们只能通过带着岁月痕迹的泛黄书刊，去追忆它往日的辉煌。而七十多年前，东北书店为中国共产党建立和巩固东北解放区做出了不可磨灭的贡献。在三年六个月的时光中，它跟随着中共中央东北局每一步战略举措，从无到有、从小变大，逐步在东北解放区成长起来。其艰苦的发展历程也是中国共产党人坚定信念的最好证明！当年东北书店出版的书刊、教科书曾遍及整个东北解放区以及传播到大半个中国，这些出版物是中国共产党奋斗史中不可或缺的实物证明！经年累月，物是人非，在变迁中，这些往日的经典书籍，被无情地抛入旧书肆与废纸堆中，残酷现象的另一面也为后来的藏书者创造了广阔的空间，使得这些红色出版物不至于销声匿迹化为纸浆。

　　回首东北解放区出版物收藏研究的道路，至今已走过了十七个春秋。初期随着藏书量的增加，必然需要相关的史料去了解出版物的历史。经过对能够接触到的文献史料的阅读，发现相关记载都是以碎片状态存在。除了散见于一些回忆录中有价值的信息，余下的部分大多是亲历者的只言片语，或是现代研究者无实物性的表述，抑或是功利性地以讹传讹，这样就给后来的研究者带来了很大的困难。至今要想把东北解放区的出版史梳理出来，所有依据的只能是借助于对真实历史"碎片"的拼接。通过信息间的相互比对，加上出版实物的佐证，去伪存真，从而逐渐地发现其中原委。本书的资料整合开始于2015年的9月，初衷只是打算将掌握的资料进行汇总。随着东北书店出版物与资料编年性整理的深入，一个又一个困难逐渐凸显出来。为此，借助大量的出版史料与1945—1949年出版的《东北日报》，查阅其中刊载的相关内容进行比对分析。在对三年六个月的报刊内容查阅中，一部分不清晰的史料得到了佐证，同时又获得了大量新的史料信息。在这种情况下，经过粗略的加工，在一年半的时间里将一部文字生涩的初稿组织完成。

2017年秋，通过好友常红先生有幸结识了辽宁人民出版社的同志。我觉得将文稿交由辽宁人民出版社出版，是对于东北书店历史的一种尊重与缅怀。这样我又重新将文稿再次精炼加工。由于本身学识有限，加之文字功底较差，本职工作与历史研究存在严重的"跨界"，所以只能硬着头皮去再次修改。后经黑龙江大学高龙彬先生及各位师友的帮助，终于使得书稿能够面世。

在本书即将出版之际，著名党史研究专家、知名学者戴茂林先生为之作序，真是荣幸之至！本书的书名由初期的从研究考证范畴确定，改为今天的《东北书店（1945—1949）》。虽然定名于此，但在东北书店历史的研究方面，本书只能作为一本现存史料的贯穿，并加以个人的一些考证，绝不敢以发展史写作自居。希望本书能够为后来的研究者起到抛砖的作用，同时在今后对于东北解放区出版物学习研究的道路上，能发现更多新的史料来填补和丰润东北解放区的出版史。

最后，向为本书出版给予帮助的同仁致以衷心的感谢！

2019年9月